Joachim Fest

Die schwierige Freiheit

Inhalt

Vorwort   9

1. Stück.
   Das Dilemma der liberalen Ordnung   15

2. Stück.
   Die Leere der erfüllten Zeit   47

3. Stück.
   Die zerbrechliche Ordnung   83

Schlußbemerkung
   Die heilsame Furcht   113

   Zur Literatur   121

»...*und dabei ist das Eis, das uns noch trägt,*
so dünn geworden: Wir fühlen alle den
warmen unheimlichen Atem des Tauwindes –
wo wir noch gehen, da wird bald niemand
mehr gehen können*!*«
Friedrich Nietzsche

Vorwort

Dieses Buch knüpft an die Betrachtungen an, die in dem Essay über den »Zerstörten Traum« vorgetragen wurden. Sie schlossen mit einigen Hinweisen auf die im Menschlichen wie im Politischen liegenden Schwierigkeiten, die mit dem Ende des utopischen Zeitalters zu erwarten seien, und drückten den Zweifel darüber aus, ob das Wünschenswerte auch das Menschenmögliche und eine Ordnung ohne Erlösungsversprechen und ohne überpersönliche Orientierungen erreichbar sei.

Diese Fragen und folglich die Zukunft der offenen Gesellschaft sind das Thema dieses Bandes. Francis Fukuyama hat in einem vielbeachteten Essay von 1989 sowie einige Zeit später in einem breiter und auch umsichtiger argumentierenden Buch das Debakel der sozialistischen Verheißung als Ende der Geschichte beschrieben. Mit dem Erfolg der liberalen Ordnung, bemerkte er, seien die überhaupt denkbaren ideologischen Alternativen erschöpft und der evolutionäre Prozeß der Gesellschaftsformen zum Abschluß gelangt.

An diesem Vorbringen erstaunte nicht nur die Unbefangenheit eines Autors, der den Zusammenbruch der einen Geschichtsphilosophie ohne langes Zögern mit einer anderen beantwortete. Vielmehr ging Fukuyama auch darüber hinweg, daß in der Geschichte vieles zu Macht und Wirkung gelangt, was ohne alle Idee ist und nur jener blinden, die Dinge ziellos umwälzenden Mechanik folgt, in der Jacob Burckhardt das einzige, kein Sinnverlangen je zufriedenstellende Prinzip historischer Vorgänge erkannte.

Infolgedessen täten die freien Gesellschaften gut daran, dem Optimismus Fukuyamas mit Zurückhaltung zu begegnen und jedenfalls keine trügerischen Sicherheiten aus seiner Zukunftsgewißheit zu ziehen. Schon die antike Lehre von der Politik hat die Herrschaftsformen als einen unablässigen, nahezu gesetzmäßigen Kreislauf beschrieben, von der Demokratie zur Oligarchie und von da zur Tyrannis, bis mit dem Sturz des Alleinherrschers die Bewegung aufs neue einsetzte. Noch die erste

Hälfte des zurückliegenden Jahrhunderts verzeichnet solche Abläufe. Dann blieben sie, nicht zuletzt infolge der Bedrohung durch das sowjetische Imperium, bis 1989 ausgesetzt.

Jetzt bringt der ohne eigenes Zutun errungene Erfolg der freien Ordnung deren innere Schwächen und Gefährdungen zurück. Sie werden sich nur abwehren lassen in dem Bewußtsein, daß die Ursachen überwiegend ihr selber entstammen: ihrer tiefen Gleichgültigkeit gegenüber der so leidenschaftlich erwarteten Antwort auf die Sinnfragen des modernen Menschen, ferner der Überdehnung der Freiheit im Namen der Freiheit, dem Abbau der Normen und Verbindlichkeiten, auch der Ermüdung der Institutionen und anderem mehr. Das heißt zugleich, daß auf den einzelnen Bürger eine Verantwortung fürs Ganze zurückkommt, die zur Idee der demokratischen Ordnung gehört und nur deshalb vergessen werden konnte, weil sie ihm, teilweise zumindest, vom großen Gegenspieler abgenommen oder doch erleichtert worden ist.

Die Frage lautet, ob der Bürger dieser Verantwortung gewachsen sein wird. Zu den Voraussetzungen für die Dauer freier Gesellschaften zählt neben vielem, wovon auf den folgenden Seiten die Rede ist, auch der Verzicht auf die wilden Denkspiele, die seit der Aufklärung immer neue Phantasiegebilde der idealen Welt hervorgebracht haben. Doch sind die Utopien, deren gestern noch so redemächtige Anwälte nach kurzem Verstummen zur Sprache zurückgefunden haben, zu einem nicht mehr einholbaren Anachronismus geworden. Das vorliegende Buch setzt sich mit den gewichtigeren Einwänden auseinander, die gegen die These vom Ende des utopischen Zeitalters vorgebracht wurden. Hier wie dort wird der Begriff der Utopie in seiner historisch einzig relevant gewordenen Form verwendet: nicht schon, wie unterdessen immer häufiger, als ein anderes Wort für persönliche Sehnsüchte und Wunschvorstellungen, sondern als die Bezeichnung eines gedanklich konstruierten, geschlossenen Gesellschaftssystems, das den Menschen Gleichheit, Gerechtigkeit, Wohlstand und Frieden verheißt, und mit alledem auch eine Antwort auf den Sinn ihres Tuns und damit eine Art Erlösung von dem Übel noch in dieser Welt.

Der schmale Band macht sich die Freiheit des Essays zu eigen und erörtert Themen, Motive, Sorgen, die dem Autor dringlich erscheinen. Es sind längst nicht alle. Das Nachdenken über die Gesellschaftsform, in der die Gegensätze nach festen Spielregeln ausgetragen werden, jeder sich von jedem ohne Angst unterscheiden darf und die erforderlichen Vorkehrungen gegen die inneren Gefahren, die aus immer anderen Richtungen herkommen, der Freiheit selber keinen Abbruch tun, ist ein Thema für viele und eine Sache ohne Ende.

Das Dilemma
der liberalen Ordnung

> *»Wir werden Euch etwas Furcht-*
> *bares antun, wir werden Euch*
> *den Feind nehmen.«*
> Georgi Arbatow, 1989

S. Seite

25
28

Zu den nicht hinreichend beachteten Umständen, die dem Zusammenbruch des Sozialismus den einzigartigen Charakter geben, gehört, daß sich sein Ende ohne jede Intervention von außen ereignete. Zwar hat er sich gern als »belagerte Utopie« ausgegeben, um die ökonomischen Rückschläge und die Unterjochungspraktiken zu rechtfertigen, aus denen er nie herausfand. In Wahrheit aber hatte der Westen ihn mit einem Heer intellektueller Sympathisanten aus Kirchenleuten, Schriftstellern, Professoren und Journalisten, aber auch mit Krediten, Begünstigungsklauseln und anderen wirtschaftlichen Zugeständnissen über Jahre hin gestützt, obwohl er doch der erklärte Feind seiner Lebensordnung war.

Aber das war bei weitem nicht alles, was kaum jemand wahrhaben wollte. Die Verbindung aus Wahrnehmungsschwäche, Wunschdenken und Friedenssehnsucht, die über die

Jahrzehnte ihre Wirkung tat, verriegelte auch zusehends die Einsicht in die charakteristischen Züge der sozialistischen Herrschaftspraxis, die der Moskauer ZK-Berater Alexander Zipko im Sommer 1990 eine einzige »schreckliche Abweichung vom allgemeinen Pfad der menschlichen Zivilisation« genannt hat. Zeit ihres Bestehens hatten jene Regime von Auspoverung, Terror und einer Vertröstungsideologie gelebt, die spätestens mit dem Tod Stalins abzusterben begann. Als die Substanz aufgebraucht und buchstäblich nichts mehr aus Ländern und Menschen herauszupressen war, auch keine Vertröstungen mehr halfen, schien es eine historische Sekunde lang, als wisse niemand mehr weiter. Dann stürzte das Imperium samt seinen vorgelagerten Randstaaten fast lautlos in sich zusammen.

Es war nicht viel mehr als diese einfache, in den Jahren der kleinen Schritte und der großen Hoffnungen jedoch von kaum jemandem angestellte Rechenaufgabe, die beispielsweise James P. O'Donnell bereits Ende der siebziger Jahre zu der Einsicht gebracht hatte, daß 1989 die Mauer in Berlin fallen werde, und diese Vorhersage sogar, zehn Jahre vor dem Ereignis, noch durch die verblüffende Bemerkung ergänzt: »Überall, auf ihrer ganzen schaurigen Länge von 165 Kilometern, strömten die Berliner aus Ost und West zusammen, um sie niederzureißen... Gewitzte Händler schoben sich durch die glücklichen Massen und verkauften Mauerbrocken als Souvenirs.« Es war die gleiche, dem Zustand des Reiches abgewonnene Einsicht, zu der Gorbatschow und Schewardnadse fünf Jahre später, unmittelbar vor ihrem Machtantritt Ende 1984, in einem Überblick über den Zustand der Sowjetunion gekommen waren: »Alles ist durch und durch verrottet.«

Auffällig war darüber hinaus, daß der Zusammenbruch des großen Gegenspielers ohne alles Triumphgeschrei von seiten des Westens abging. Es gab keine Freudenfeste, keine Umzüge, kein Glockenläuten, und der Tanz auf der Berliner Mauer, die Tränen und die Umarmungen in der vereinten Stadt feierten weit mehr das Wiedersehensglück als einen politischen Sieg. Nie jedenfalls ist eine historische Wende von solchem Gewicht so stumm, von so wenig Jubel und so viel Verlegenheit begleitet gewesen wie diese.

Zu den Gründen dafür zählt nicht nur, daß das Desaster des Sozialismus zugleich das Desaster seiner ungezählten heimlichen und offe-

nen Anwälte im Westen war. Auch nicht, daß
der Sieg sich ohne eigenes Zutun ereignet
hatte, sondern als kampfloser Sturz eines gestern noch furchtgebietenden Riesenreichs ins
historische Nichts. Vielmehr war auch eine
noch ungenaue Ahnung im Spiel, als könne
jene unberechenbare Kraft, die den Ruin der
anderen Weltseite verursacht hatte, auch den
eigenen Grund mitziehen und neue Bedrohungen bringen, die kaum geringer, sondern nur
von anderer Art sein würden als die Bedräng-
nisse, die der imperialmissionarische Kommu-
nismus der Welt bereitet hat.

Zu den erst ansatzweise ins Bewußtsein tre-
tenden Gefahren zählt ein Dilemma, das aus
den liberalen Gesellschaften selber kommt
und mit ihrem Wesen zusammenhängt. Zur
großen Verführungsmacht des Sozialismus ge-
hörte zeit seines Bestehens, daß er ein pseudo-
religiöses Welterklärungssystem bot, das die
Verhältnisse nicht nur in ein einfaches Gegenüber von Gut und Böse, Freund und Feind
teilte, sondern den Menschen auch jene Gewißheiten und jenen Glauben schenkte, nach
denen sie so beharrlich verlangen.

Das war, ob seine Wortführer sich nun dazu
bekannten oder nicht, seine utopische Essenz.

Und die eigentliche Suggestion des Sozialismus aller Spielarten gründete darauf, daß er den Menschen das Utopieverlangen als gleichsam angeboren einzureden vermochte, indem er jeden Seufzer, der je auf der Welt gehört worden war, und alle Klagen über die friedlosen und ungerechten Zustände als Ausdruck der Suche nach der ideal geordneten Gesellschaft ausgab. Er knüpfte dabei an uralte mythische Sehnsüchte an, ob sie nun vom Goldenen Zeitalter kündeten oder, womöglich noch weiter zurück, vom großen Mittag, dem Kommen des Menschen und einer neuen Schöpfung, und rechnete sich alle diese Beschwörungen einer versöhnten Welt als Vorläufer zu. In ihm, so machte er glauben, hatte ein dunkles Menschheitsverlangen erst seine unwiderlegliche, durch das historische Gesetz geradezu wissenschaftlich begründete Gewißheit gewonnen.

Geblieben sind von alledem nur die Verheerungen der verwirklichten Utopie. Und das besondere Einvernehmen mit dem Weltgeist, dessen sich der Sozialismus rühmte, ist ebenso desavouiert wie das Gemisch der Abwehrstrategien gegen den Geschichtsverlauf, das den Kern der Ideologie seines historischen Gegenspielers, des Nationalsozialismus, bildete. Indem die einen wie die anderen einen Neuen Menschen voraussetzten, war ihr Zusammenbruch zugleich der Triumph der Anthropologie über die Geschichtsphilosophie, der »condition humaine«, also des Menschen, wie er immer war und ist, über alle erdachten Idealbilder.

Aus dem Geisterreich, das die utopischen Weltheilungsdespotien erträumten, kehrt der Mensch jetzt wieder zu sich selbst zurück. Die unüberschaubaren Leichenberge, die sie zu seiten ihres Weges häuften, haben ihn darüber belehrt, daß er der Utopie im Sinne eines konstruierten Entwurfs vom vollkommenen Zusammenleben nicht bedarf. Aber zugleich ist offenbar geworden, daß zu jener »condition humaine« auch das Verlangen nach einem Glauben zählt, nach einer Verheißung oder doch einem überpersönlichen Gedanken, der den Menschen hilft, mit den Ungereimtheiten und tausend Nöten fertig zu werden, die das Leben selber, in welcher Ordnung auch immer, ausmachen.

Es hat, in den Hochstimmungen der Zeitenwende von 1989/90, nicht an Stimmen gefehlt, die mit dem Scheitern des Sozialismus selbst dieses Verlangen erlöschen sahen. Mitunter ist die Formel vom »Ende der Geschichte« so verstanden worden, als komme nun auch alles Hoffen zur Ruhe, alles Ringen um bessere Verhältnisse, und als trete eine Welt, in der die großen System-Gegensätze ausgekämpft sind, in ein Zeitalter zwar nicht des ungeschichtlichen Stillstands ein, aber doch der bloßen, meist wirtschaftlich und jedenfalls nicht ideologisch motivierten Rivalitäten.

Inzwischen liegen die Beweise dafür vor, daß sich diese Erwartung nicht erfüllen wird. Doch ohnehin konnte man wissen, daß es keinen historischen Zustand gibt, aus dem die Menschen sich schließlich nicht in einen besseren fortwünschen. Vieles spricht sogar dafür, daß die Ruhelosigkeit der historischen Bewegung zunehmen und noch dramatischere Konflikte aus sich hervortreiben wird. Denn die vom Sozialismus gebundenen Bedürfnisse nach einem Glauben und einer Daseinsbotschaft sind mit dessen Ende ziellos geworden und werden nicht lange damit warten, neue Uniformen anzulegen und unter neuen Fahnen zu neuen Phantasiereichen aufzubrechen.

Die Anzeichen dafür sind überall, in Mittel- und Osteuropa zumal, auf beunruhigende

Weise sichtbar. Zwar geht es derzeit überwiegend um ethnische Zugehörigkeiten, um nationale, kulturelle, auch religiöse Selbstvergewisserungen, die in den vergletscherten Verhältnissen des Sowjetreichs gleichsam eingefroren waren. Wo alles schwankt, gewährt der Rückzug auf die Ursprünge einen vermeintlich sicheren und jedenfalls im Unvordenklichen begründeten Halt. Danach aber werden neue Sehnsüchte wach werden, Bedürfnisse nach Abenteuer, einem Platz in der Geschichte, nach Kompensation für erduldetes Unrecht, nach Demütigung der Feinde und vielem anderen, was die Imagination verlockt und den historischen Prozeß immer in Bewegung gehalten hat.

Seither macht sich im ehemals westlichen Lager zunehmend eine Stimmung breit, deren noch ungeordnete und sogar widersprüchliche Symptome in der Einsicht zusammenlaufen, mit dem Untergang des Sozialismus mehr verloren zu haben als nur einen Gegner. Immerhin hatte ihm die anhaltende Auseinandersetzung zwischen freiheitlicher und totalitärer Ordnung einen jener übergreifenden Gedanken vermacht, die seiner Sache einige Ermutigung leisteten und das Bewußtsein von Bin-

dung und Zusammenhalt förderten. Zwar war
der kämpferische Selbstbehauptungswille der
fünfziger und sechziger Jahre im Laufe der
Zeit so müde geworden, daß Ronald Reagans
Formel vom »Reich des Bösen« auf der eigenen Seite mehr Hohn erntete und größere
Mißbilligung erfuhr als dort, wohin sie zielte.
Aber Spuren einer Widerstandsgesinnung hatten sich erhalten, wie schwer sie auch hinter all
dem »kritischen« Gerede derer auszumachen
blieben, die dem sozialistischen Lager, seiner
historisch angeblich unwiderlegbaren Idee we-
gen, ungezählte Zugeständnisse aufdrängten.

Doch inzwischen geht die Vorstellung, was
es mit freiheitlichen Zuständen auf sich hat,
auf welchen Voraussetzungen sie beruhen und
was ihre Bewahrung verlangt, mehr und mehr
verloren. Zwar fehlt es nicht an warnenden
Stimmen. Aber das Problem reicht tief in die
Strukturen liberaler Gesellschaften und bis in
Bereiche, wo selten ein Licht hindringt und die
Prozesse eine kaum zu steuernde Eigenmacht
entfalten.

Hier liegt das Zentrum der Krise, deren
Kommen sich in zwar noch diffusen, aber un-
überhörbaren Klopfzeichen ankündigt. Ihr
auffälligstes Merkmal ist das rapide anstei-

gende Unbehagen an der Politik, das sich im Rückgang der Wahlbeteiligung, im Prestigeverlust der Parlamente und vor allem in den teilweise erdrutschartigen Einbrüchen der großen, erfolgsgewohnten Parteien anzeigt, der Sozialisten in Frankreich, der Konservativen in England, der Christdemokraten in Italien und womöglich bald auch in Deutschland und sogar der Liberalen in Japan. Zugleich steigen von den Rändern her Bewegungen von unscharfer, aber radikaler Kontur auf, die von einem epidemisch auftretenden Verneinungsthema und dem Affekt gegen die hergebrachten Parteien leben, dabei das allgemeine Mißbehagen sowie die Unübersichtlichkeit der Verhältnisse noch verstärken, ehe sie wieder in den Strudeln der Zeit verschwinden.

In verallgemeinernder Sicht besitzt die Krise, die noch viele weitere geläufige Symptome aufweist, zwei Ursachen. Die eine hat mit der Erfahrung zu tun, daß alle politischen Entscheidungen angesichts der unübersehbaren, von widerstreitenden Vorstellungen beherrschten Gruppeninteressen blockiert werden und der Staat zusehends zu einer Handlungsunfähigkeit verurteilt ist, die der britische Schatzkanzler Norman Lamont im Sommer 1993, während seiner Abschiedsrede vor dem Unterhaus, auf die Formel gebracht hat, die Regierung sei zwar im Amt, aber nicht an der Macht; die andere Ursache entstammt der sich ausbreitenden Einsicht, daß die Politik keine Antworten auf die Daseinsfragen hat und noch weniger, als die abgelaufene Epoche glauben machen wollte, der Boden des Glücks ist.

Die Symptome dieses in Enttäuschung und vereinzelt sogar in Politikhaß umschlagenden Mißbehagens sind überall greifbar. Schon verglich der ehemalige französische Außenminister Roland Dumas die antiparlamentarische Stimmung in Frankreich mit dem präfaschistischen Klima zwischen den Weltkriegen, in England sind innerhalb von zwanzig Jahren die zustimmenden Antworten auf die Frage, ob das Land mit sich und seinen politischen Zuständen im reinen sei, von 67 auf ganze zehn Prozent gefallen und jeder zweite Bürger versichert, lieber anderswo und möglichst weit weg von den heimischen Verhältnissen leben zu wollen, während in Italien mehr und mehr Beobachter mit kaum verhohlener Genugtuung davon sprechen, daß diese eigentlich verspätete Nation Europas endlich ihrem

14. Juli entgegengehe, auch wenn die Craxi, Andreotti, de Mita oder Carnevale nicht den Weg zum Schafott, sondern in die Gefängnisse antreten müßten. Und in Deutschland verliert ein von den gegenläufigsten Interessen gelähmter Staat die Fähigkeit, mit den Problemen der Vereinigung, der inneren Sicherheit oder den sozialstaatlichen Besitzständen zurechtzukommen. Solange sich die westlichen Demokratien an den staatssozialistischen Regimen messen konnten, lag ihre Überlegenheit auf der Hand, zumindest erschienen ihre Schwächen in milderem Licht. Jetzt treten sie offen hervor.

Die Frage ist, was es bedeutet, daß die freien Gesellschaften keinen Gegner mehr haben; daß sie sogar ohne eine Alternative sind, die sie zumindest gedanklich in Frage stellen und dazu nötigen, die Richtung, die sie einschlagen, und die Wegmarken Mal um Mal zu überprüfen; ob dem Zerfall ihres großen Widersachers mehr und anderes als der eigene Zerfall folgen wird, ein gestärktes Selbstbewußtsein womöglich, oder doch nur Ermüdung, Wertschwäche und Privatismus, ein Regime der Nichtigkeiten, das weder übergeordnete Gesichtspunkte noch Verantwortungen wahrnimmt. Die Anzeichen, die auf das Vordringen solcher Tendenzen deuten, sind unübersehbar. Ihr gemeinsamer Grund ist der Verlust eines motivierenden Zukunftsbildes. Denn die offene Gesellschaft hat kein anderes als die Bewahrung ihrer Offenheit. Alles jedenfalls, was darüber hinausreicht, bleibt auch bei noch so breiter Übereinstimmung, wie sie derzeit etwa die Sozialpflichtigkeit des Gemeinwesens oder die Erhaltung der Umwelt findet, dem Streit der Meinungen unterworfen.

Die immer gegenwärtige Bedrohung von außen war über die Jahre hin gleichsam die Feder, die der freiheitlichen Ordnung innere Spannung gab. Wer lediglich die Auszehrung der politischen Auseinandersetzung beobachtet, die seither eingetreten ist, die Verödung der Parlamente, den gestörten, in quälenden Ritualen erstarrten Gegensatz von Regierung und Opposition, Arbeitgebern und Gewerkschaften, gewinnt einen Anhaltspunkt dafür, was ihr unversehens abhanden kam. Jetzt muß sie die ihr so lange von außen geschenkte Kraft aus sich selbst aufbringen, und wer vom Ende der Geschichte spricht und vom liberalen System als der letzten und höchsten Stufe in der ideologischen Entwicklung der Menschheit, muß auch in Rechnung stellen, daß dies der Preis dafür ist.

Gewiß ist das Unvermögen, eine Vorstellung davon zu entwickeln, wie und wohin es mit der Welt weitergehen soll, nicht allein auf das Ende der geschichtsphilosophischen Entwürfe zurückzuführen. Vielmehr kommen darin auch Entwicklungen zum Vorschein, die zu den unvermeidlichen Begleiterscheinungen der Modernität zählen, darunter vor allem die Einbußen an emotional begründetem Lebenswissen, an Vergangenheit und haltgebenden Zugehörigkeiten, ferner ökologische Ängste sowie ein stetig steigendes, aber antwortlos bleibendes Sicherheitsverlangen und anderes mehr, was in den Deutungen der Gegenwart längst zum Allgemeingut rechnet. Aber der Zusammenbruch der Gegenmacht im Osten ist doch eine Zäsur, die solchen viel beschriebenen Verlegenheiten einen schärfer sichtbaren Ausdruck verschafft. Hinzu kommt, daß gerade die offenen Gesellschaften die wirksamsten Schrittmacher moderner Zustände sind und folglich unablässig vorantreiben, was sie untergräbt. Das Dilemma ist, daß sie zugleich, weniger als jede andere Ordnung, in der Lage sind, die von ihnen herbeigeführten

Orientierungsverluste aus eigner Kraft zu bewältigen.

Denn es ist der große, gleichsam angeborene Mangel liberaler Gesellschaften, daß sie keinen greifbaren, die Leiden und Ängste der Menschen rechtfertigenden Lebenssinn vermitteln. Auch halten sie keinen mobilisierenden Zukunftsprospekt bereit und werfen den Einzelnen auf lediglich das zurück, was er als individuelle Erfüllung begreift. Jene Postmoderne, die das Lebensgefühl der fortgeschrittenen Industriegesellschaften ausmacht, ist im Grunde nichts anderes als der wiewohl verzerrte Ausdruck der auf den eigenen Begriff gekommenen, ihm jedenfalls nahegerückten offenen Gesellschaft: eine Welt, in der auch die moralischen Horizonte offen sind, wo alles geht und das heißt zugleich, nichts wirklich wichtig ist; in der die Laune über die Norm triumphiert und eine Generation von Erben mit dem Vermächtnis mühsam erworbener Prinzipien ein fröhlich-verzweifeltes Feuerwerk veranstaltet, dessen Glut die Reichtümer wie die Wahrheiten dahinschmelzen läßt.

Der Prozeß und seine fatalen Zirkelbewegungen sind seit der Antike wieder und wieder beschrieben worden: Ein freies Gemeinwesen gelangt dank der nicht zuletzt materiellen Energien, die es über den hergebrachten strengen Grundsätzen entfaltet, zu Wohlstand und sogar Reichtum. Aber schon ein oder zwei Menschenalter später beginnt das Bewußtsein für den Zusammenhang zu zerreißen, der zwischen diesen Prinzipien und dem allgemeinen Wohlergehen besteht, zwischen der Freiheit und dem Kanon jener unbezweifelten Normen, die in der politischen Philosophie seit je unter dem Begriff der »öffentlichen Tugenden« beschrieben wurden. Und ohne daß eine sichtbare Veränderung auszumachen wäre, zersetzen die trügerischen Selbstverständlichkeiten unmerklich alles Denken, der Reichtum geht in den Luxus über, das Gefahrenbewußtsein weicht der Bequemlichkeit, und während die Gesetze, die Werte und die Gesinnungen mehr und mehr zum bloßen Spielmaterial werden, zerbricht allmählich das Fundament, auf dem der scheinbar festgegründete Bau errichtet wurde. Ernst-Wolfgang Böckenförde hat diesen zyklischen Prozeß auf die Formel gebracht, daß die freien Gesellschaften die Voraussetzungen nicht erzeugen können, die ihre Existenz gewährleisten, ja man könne sogar sagen, sie bauten sie unablässig ab. Die Besorgnis äußert sich auf vielen Seiten und durch oft unvermutete Stimmen, bis beispielsweise hin zu Umberto Eco, der unlängst mit Blick auf die Gegenwart dargelegt hat, daß die Welt des »anything goes«, ihrem eigenen Gesetz folgend, nicht einen steten Zuwachs an Freiheit bringe, sondern zwangsläufig zu Unterwerfungsverhältnissen hindrängt.

Die Einsicht nötigt zu der Überlegung, wie diese historisch wieder und wieder belegbare Kalamität vermieden und die einmal errungene Freiheit einer Gesellschaft halbwegs dauerhaft gemacht werden kann; wie sie den Kanon der Prinzipien zu bewahren und aus dem Bewußtsein freien Daseins so viele haltgebende Genugtuungen zu ziehen vermag, daß sie in ökonomischen und politischen Krisenlagen über hinreichende Widerstandskräfte verfügt; wie überhaupt den Bürgern ein waches Empfinden für die prekäre, von Gefährdungen aller Art bedrohte Natur eines solchen Gemeinwesens, das gleichsam immer dicht am Rande des Abgrunds steht, zu vermitteln ist. Francis Fukuyama hat das Dilemma mit der extrem zugespitzten Bemerkung umschrieben, daß »eine liberale Demokratie, die alle zwanzig Jahre einen kurzen, entschlossenen Krieg zur

Verteidigung ihrer Freiheit und Unabhängigkeit führen könnte, bei weitem gesünder und zufriedener (wäre) als eine Demokratie, die in dauerhaftem Frieden lebt«.

Der Überlegung liegt nicht nur die Erkenntnis vom erlahmenden Freiheitswillen saturierter Demokratien zugrunde. Vielmehr spielt auch der Gedanke hinein, daß liberale Strukturen, Gewaltenteilung, Marktwirtschaft sowie das ganze Regelwerk freiheitsichernder Gesetze nur die auf ein bestimmtes Welt- und Menschenbild gegründeten Mechanismen geordneten Zusammenlebens sind, deren Instrumente und nicht schon die Sache selbst. Die bleibt vom Scheitern bedroht, die Beispiele dafür sind unschwer zu finden. Man muß sich nur, bei allen Unterschieden der historischen Lage, der Zwischenkriegsepoche erinnern, als mit Ausnahme der Tschechoslowakei in sämtlichen Staaten Mittel-, Ost- und Südeuropas, in dreizehn Staaten insgesamt, innerhalb kurzer Frist die gerade errichtete, lange ersehnte und auf mehr oder minder festen Verfassungsgrund gebaute freiheitliche Ordnung in den Selbstblockaden und bornierten Lüsten des Parteienregiments zu Nichts zerging.

Von Alexis de Tocqueville, der wie kein anderer die Abgründe vorausgeahnt hat, in die ein demokratisches Gemeinwesen fallen kann, stammt der Satz, daß die gesellschaftlichen Ordnungen keineswegs das Produkt ihrer Gesetze seien, sondern weit stärker durch die Gefühle bestimmt würden, die »Glaubensinhalte, Ideen, Herzens- und Geistesgewohnheiten der Menschen«, die in ihnen leben. Im ganzen bietet die Geschichte der Weimarer Republik noch immer den anschaulichsten Modellfall dafür, wie vergeblich alle verfassungspolitischen Vorkehrungen sind, wenn die Menschen der freiheitlichen Ordnung überdrüssig werden und ihr den Rücken kehren. Demokratische Einrichtungen sind niemals mehr als ein Mittel zur Ermöglichung der Freiheit, doch zu den immer wiederkehrenden, von keiner Erfahrung zu entkräftenden Irrtümern zählt, sie gehe wie von selber aus ihnen hervor.

Was hinzukommen muß, ist ein Kodex vorgegebener Überzeugungen, ferner Bewußtsein für Formen und Institutionen, Vernunft und Weitsicht, auch Verläßlichkeit, Mut, Toleranz und Gesetzestreue, kurz alles das, was nach wie vor der aus der Welt geratene Begriff der Bürgertugenden umschreibt. Aus dem instrumentellen Charakter der Strukturen, die diesen Voraussetzungen nur den Entfaltungsraum verschaffen, folgt, daß sie aus sich heraus wenig emotionale Kraft besitzen. Mit einer treffenden Wendung hat Ralf Dahrendorf die politischen und wirtschaftlichen Prinzipien der freien Gesellschaften »cold projects« genannt. Als bloße Bedingungen freiheitlicher Verhältnisse ergreifen sie niemanden, stillen keine Sehnsucht und schaffen jene großen Devotionen nicht, in denen der Einzelne mit seinen Interessen und Egoismen zurücktritt und doch eine Art Erfüllung findet. Sie sind nur eine leere Bühne im kalten Licht der Kulissen und voller Erwartung der Akteure, die sie erst mit Atem, Aktion und Leben erfüllen.

Indessen gibt es Ausnahmesituationen. In dem Entstehungsepos der Schweiz, der Geschichte des Abfalls der Niederlande von der spanischen Herrschaft oder den »Federalist Papers« der Gründungsväter der Vereinigten Staaten wird jene emotionale Tendenz anschaubar, die jedes liberale Gemeinwesen über allen sachlichen Regelungsbedarf hinaus benötigt. Bezeichnenderweise ist es, wie diese Beispiele zeigen, fast durchweg die umkämpfte Geburtsphase freiheitlicher Ordnungen, in denen das, was John Jay »the charms of liberty« genannt hat, seine Wirkung entfaltet.

Offensichtlich hat das damit zu tun, daß solche Zeiten einen Gegner kennen und ein hinter tausend Hindernissen liegendes Ziel. Die eigentliche Bewährungsprobe für liberale Ordnungen rückt daher erst heran, wenn der Gegner überwunden und das Ziel erreicht scheint. Nicht ohne Grund war etwas vom Pathos der amerikanischen Verfassungsväter, wie in einem späten Nachhall, in den fünfziger Jahren zu vernehmen, auf dem Höhepunkt des Kalten Kriegs. Bei Arthur Koestler, Ignazio Silone, George Orwell, Albert Camus und allen denen, die sich um den »Monat«, um »Preuves« und »Encounter« zusammenfanden, war dieser Ton eines fast zivilreligiösen Bekennertums noch einmal auszumachen.

Wie schwer diese Kraft zu bewahren ist, zeigte sich, kaum daß erste Anzeichen auf eine Abschwächung der welterobernden Energie des sowjetischen Imperiums hindeuteten. Zwei Jahrzehnte nach dem Untergang der Hitlerdiktatur trat eine Generation auf den Plan, die sich später zugute hielt, die moralisch-politische Abrechnung mit dem NS-Regime überhaupt erst begonnen zu haben. Aber zugleich krankte sie, was die eigene Zeit anging, an einer seltsamen Blickverengung, indem sie den Gegensatz zwischen totalitärer und demokratischer Ordnung, der die eigentliche Epochenauseinandersetzung ausmachte, kurzerhand leugnete oder den Widerstand gegen die sowjetische Expansion als Fortsetzung der faschistischen Kampfideologie verdächtigte. Im Zeichen des modischen Neomarxismus fühlte sie sich dem sozialistischen Lager auf undeutliche Weise näher, da es, jedenfalls der Idee nach, die vermeintlich überlegene, dem Menschenglück zugewandte Sache vertrat. Die totalitäre Praxis dagegen mitsamt der unersättlichen, auf Bedrohung und Unterwerfung zielenden Politik der Sowjetunion rechnete sie zu den bloßen Abweichungen von einer Lehre, deren reine, von allen verfälschenden Wirklichkeitsspuren befreite Kontur sie in sich selber wiederhergestellt und zur materiellen Gewalt werden sah.

Was jene Aufbruchsbewegung der demokratischen Ordnung zum Vorwurf machte, war vor allem deren falsches Bewußtsein. Aber was dahinter als wirkliche Ursache ihres Aufbegehrens wirkte, war eben das Leiden an den fehlenden Inhalten dieser auf die bloßen Strukturen gegründeten Gesellschaft, ihr Mangel an utopischen Vorgaben und unverrückbaren Wahrheiten, der gleichsam abstrakte Charakter eines Regelwerks. Aufs Ganze gesehen nahm sie mit dem erbitterten Versuch, im Treibsand der Verhältnisse ein Stück festen Grundes zu gewinnen, nur ein Problem vorweg, das erst heute ins hellere Bewußtsein getreten ist. Eine trotz allen Zukunftsgespürs seltsame Sperre hinderte sie aber zu erkennen, wie bodenlos und überholt die marxistische Gewißheit längst geworden war; doch manchmal schien es auch, als wollten diejenigen, die ihren ausgetretenen Spuren folgten, die so naheliegende Einsicht nur deshalb nicht wahrhaben, weil sie, wie alle Romantiker, dem Zauber der verlorenen Sachen so wenig widerstehen konnten. Was die Taktik anging, richtete sich ihr Hauptbestreben auf die gezielte Verletzung der Spielregeln, und sie hatten durchaus erfaßt, daß sie damit die bestehenden Verhältnisse im Kern in Frage stellten. Es war nur folgerichtig, daß sie Begriff und Sache der Freiheit in einem Meer von Zweifeln ertränkten und als das Trugbild eines in Wirklichkeit repressiven Systems verhöhnten.

Trotz allen Lärms, den die Bewegung veranstaltete, und aller Phantasie, die sie beim Abbau mürbe gewordener Formen entfaltete, war sie eine wirre, prahlerische Episode, und ihr Versuch, mit Seminarweisheiten einen Massenaufruhr zu entfesseln, blieb in seinen unmittelbaren Vorsätzen denn auch folgenlos. Und dennoch gab sie eine Einsicht her. Denn die unvermutete und bei allen spielerischen Zügen doch entschlossene Attacke machte offenbar, daß die demokratische Gesellschaft die Herausforderung, die ihr damit angetragen wurde, nicht annahm. Weder damals noch später, als die Bewegung sich verlaufen oder auf den Marsch durch die Institutionen begeben hatte, zeigten die Angegriffenen jenen Selbstbehauptungswillen, der sich der Bedingungen der eigenen Ordnung bewußt und zu ihrer Verteidigung entschlossen ist. Ganz im Gegenteil gab es vor allem im Bürgertum und in den Medien ein wachsendes Heer von Sympathisanten, die voller gerührten Verständnisses auf diese unruhige Jugend blickten und sich selbst durch das Beispiel der Vätergeneration nicht irremachen ließen, die sich, bei lediglich anderen Vorzeichen, schon einmal von einer Jugend im Aufbruch hatte ans Herz greifen lassen und die Demokratie dem dahinschmelzenden Häuflein der Demokraten überantwortet hatte.

Der gleiche Mangel an Standortbewußtsein zeigte sich aber auch nach außen hin, als während der siebziger und achtziger Jahre im Zeichen der Entspannungspolitik ein wahrer Wettlauf um die Gunst der geschworenen Feinde jeder freiheitlichen Ordnung einsetzte, Strategiepapiere sich Gemeinsamkeiten mit ihnen einfallen ließen und westdeutsche Gewerkschaftsführer auf den Flugplätzen zwischen Berlin und Stuttgart die Funktionäre der Gegenseite zum Bruderkuß umarmten. Nur der plötzliche Zusammenbruch des Sowjetreiches hat ihnen allen jenen äußersten Offenbarungseid erspart, zu dem sie so ungeduldig auf dem Weg waren.

Seither sind die freien Gesellschaften wieder auf sich selbst verwiesen, und keine äußere Herausforderung ruft ihnen in Erinnerung, wo die Grenzen zwischen Selbstbehauptung und Selbstaufgabe verlaufen. Das heißt zugleich, daß sie sich mehr als zuvor der Prinzipien zu vergewissern haben, die der Boden sind, auf dem sie stehen. Aber nichts deutet auf eine solche Wendung der Dinge hin. Der sorglose Umgang mit den Grundsätzen, der schon in der Schlußphase der Ost-West-Konfrontation, aller Bedrohung zum Trotz, so auf-

fällig war, setzt sich vielmehr fort, die Geringschätzung der Institutionen ebenso, und die
wachsende Teilnahmslosigkeit hindert dies alles so wenig wie den Abbau der Werte, die für
den Bestand der freien Ordnungen nicht be-
deutungslos sind. Was auf den Feldern der Be-
liebigkeit an Einzelnem eine Zeit lang noch zurückbleibt, löst sich schließlich auf im Stim-
mendurcheinander pluralistischer Diskurse.
Das alles bringt es mit sich, daß eine wachsende Zahl sich unter freiheitlichen Verhältnissen wie ausgesetzt und von allem orientieren-
den Sinn verlassen fühlt.

In seinem emotionslosen Pessimismus hat
Tocqueville die Erosionsgefahren demokratischer Ordnungen schon zum Zeitpunkt ihrer
Entstehung vorhergesagt. Zu ihren unab-
wendbaren Verhängnissen rechnete er, daß
die Interessen die Überzeugungen verdrängten und die strengeren Grundsätze sich zu
»einer Art Gedankenstaub« verflüchtigten,
»der in alle Richtungen durcheinanderwirbelt,
ohne sich je verdichten und setzen zu können«.
Das werfe den Menschen nicht nur zwangsläufig auf sich selber zurück, so daß er, »einge-
schlossen in die Einsamkeit seines Herzens«,
für sich dahinexistiere, sondern ersticke auch

alles selbständige Leben, weil selbst das sieg-
reich vertretene Interesse niemals die Befriedi-
gungen gewähre, die aus der erfolgreichen Behauptung bindender Wertvorstellungen erwachsen. Zugleich öffne die Fixierung auf den
materiellen Vorteil dem Staat die Chance, sich
dem einzelnen Bürger gegenüber als der große
Betreuer und Fürsorger aufzuspielen. Ah-
nungsvoll beschrieb Tocqueville die trügerischen Quietismen einer Gesellschaft, die keine
tief im Bewußtsein eines jeden verankerte
Überzeugungen kennt, folglich auch keinen
Willen zur Freiheit und kein Gefahrenbewußtsein mehr besitzt, und statt dessen der Sättigung unendlich vieler, in tausend Richtungen
treibender individueller Launen nachjagt.
Wie diese Hinweise erkennen lassen, ist in
solchen Passagen bereits, wie später bei Jacob
Burckhardt auch, die heraufziehende »Ethisie-
rung« des Wohlstandsideals vorausgesehen,
die anfangs moralisch, zusehends aber auch
rechtlich unterbaute Forderung auf Bedienung
eines verbreiteten Konsum- und Vergnü-
gungsverlangens. Die Erfüllung solcher Ansprüche, denen die Regierungen in dem Glauben Vorschub leisten, man könne die Menschen stillstellen, indem man sie mit sozialen

Zuwendungen vollstopft, entscheidet mehr und mehr über ihr Wohl und Wehe und ist unterdessen ihr nahezu einziges Erfolgskriterium geworden. Die zentrale Sorge, die am Ende alle beherrscht, vermerkte Tocqueville in Sätzen, die wie eine Zustandsbeschreibung der Gegenwart klingen, sei die Furcht vor materieller Unordnung sowie vor der Störung der Wohlstandsgarantien, und hinter alledem steht die Vorstellung jenes kleinen, aber zum Maßstab erhobenen Gewerkschaftsglücks, das der Staat als ein in jeden Lebensbereich eindringendes, allgegenwärtiges Dienstleistungsunternehmen zu gewährleisten hat.

Das ist aber nur die eine Seite der Sache. Wenn das Glück als eine ausschließlich materielle Kategorie verstanden wird, für deren Erfüllung der Staat aufzukommen hat, muß jede Unzufriedenheit, jede Einbuße auf ökonomischem oder sozialem Feld unweigerlich auf den Staat zurückschlagen. Denn am störungsfreien Wachstum hängen die Umverteilungschancen und damit das Empfinden gerechter Verhältnisse, die Gleichheitsidee und alles, was angesichts so vieler weggebrochener Stützen den Menschen noch ein Gefühl von Sicherheit gewährt, mit einem Wort: das System und sein Bestand überhaupt.

Auf die Erwartung, daß die freien Ordnungen von ernsthaften ökonomischen Rückschlägen verschont bleiben, läßt sich jedoch keine Zuversicht gründen. Selbst die Nachkriegsepoche, die im Zeichen eines fast atemlosen, sich unablässig selber übertrumpfenden Wachstums stand, hat verschiedentlich Rückschläge verzeichnen müssen. Zwar ist es nie zu krisenhaften Einbrüchen gekommen, und gerade die raschen Konsolidierungen haben im Gegenteil dem Eindruck vom nahezu gesetzmäßigen Zusammenhang zwischen Demokratie und materiellem Wohlstand vorgearbeitet. Doch täuscht dieser Eindruck oder trifft doch nur insoweit zu, als die offenen Ordnungen gewisse Voraussetzungen für ein allgemeines Wohlergehen schaffen.

Ganz unbestreitbar ist jedoch die Umkehrung dieses Satzes, wonach keine andere Ordnung von ihren wirtschaftlichen Bedingungen auf ähnlich existentielle Weise abhängig ist. Was wird, wenn das Bruttosozialprodukt nicht mehr wächst? Wenn die zu Ansprüchen verdichteten Wohltaten zurückgenommen werden müssen und auch die andere Außenstütze demokratischer Systeme, die Bedrohung durch den Feind, den Überlebenswillen nicht mehr stärkt? Wieviel Legitimität bleibt dann? Und zu welcher Zukunftsanstrengung überhaupt sind Gesellschaften fähig, die sich daran gewöhnt haben, nur auf materielle Anreize zu antworten und sich anders keinen Entschluß, kein Einverständnis und keine Energieleistung mehr abzuringen vermögen? Zu den glücklichen Umständen, die den Westen die Auseinandersetzung mit dem sozialistischen Lager bestehen ließen, zählt, daß ihm ein Zusammenbruch, vergleichbar der Weltwirtschaftskrise der späten zwanziger Jahre, erspart geblieben ist. Dieses Glück hat viele aber blind dafür gemacht, daß die offene Gesellschaft diese offene Flanke hat.

Die Leere
der erfüllten Zeit

*»God is dead, and we need new gods . . . this is the
thought of the most modern modernity.«*
Allan Bloom

Die materiellen Kompensationen, die das Versprechen und die verwundbare Stelle der offenen Gesellschaften sind, gewähren nicht mehr als trügerische Sicherheiten. Es ist, als spürten die Menschen selbst in Zeiten wachsender Prosperität das wenig Verläßliche und zugleich Unzureichende eines Daseins, das sie nur noch als Konsumenten erfaßt und den einst unendlichen Horizont einer im Fernen aufleuchtenden Verheißung auf steigende Tariflöhne oder die Ferienparadiese dieser Welt verkürzt.

Die Ahnungen, die beim Einsturz des sozialistischen Imperiums das Empfinden des Triumphs oder doch der Ankunft in einer unangefochtenen Zukunft verdarben, hängen damit zusammen. Was in ihnen zum Ausdruck kam, hatte auch zu tun mit der Angst vor der Leere der erfüllten Zeit. Vom Grund der schwer durchschaubaren Ereignisse, die den

Augenblick regieren, steigt in ungezählten winzigen Signalen eine Enttäuschung darüber auf, daß sich alle Deutungen des Menschheitsprozesses, ob sie nun auf eine versöhnte oder auf eine vom technischen Fortschritt in den Überfluß befreite Welt hinauswollten, als Irrtum erwiesen haben und die Geschichte kein Ziel kennt oder doch nur eines, so banal wie dieses. Schon seit längerem haben die Zeitbeobachter im Lebensgefühl der Gegenwart, hinter allem Hoffnungsgerede und allen postmodernen Aufgeräumtheiten, einen Trübsinn ausgemacht, der als »posthistorische Melancholie« in eine ausgedehnte Debatte eingegangen ist.

Natürlich entstammen Stimmungslagen wie diese stets einer Vielzahl von Motiven. Aber schließlich stößt man immer wieder auf ein unversehens aus den Proszenien hervortretendes und mitten unter den Akteuren sich ausbreitendes Empfinden der Sinnleere. Eine geraume Zeit geht das Spiel scheinbar unverändert weiter, aber die Auftritte nehmen eine irreale Farbe an, die Worte beginnen hohl zu klingen und ohne den Nachhall, der sie zu mehr als Worten machte. Und plötzlich, wie von einem Augenblick auf den anderen, zer-

fällt die ganze, wenn auch verborgene Drama-
turgie in ein richtungsloses Durcheinander,
dem die Schwerkraft abhanden gekommen
scheint. Was immer die endende, von keinem
Zweifel an der eigenen Allmacht beunruhigte
Epoche über das Verhältnis des Menschen zu
all dem behauptet hat, was außer der Welt ist,
auch ihre Überzeugung von der allmählichen
Austrocknung jener Bedürfnisse, die über die
vollkommene Organisation der Gesellschaft
und die Sättigung der materiellen Ansprüche
hinausgehen, bedarf der Überprüfung. Jedenfalls werden alte, lange totgeglaubte Sehnsüchte wieder wach und breiten sich umso un-
geduldiger aus, als sie kein Ziel haben.

Im Rückblick stellt sich heraus, daß die psy-
chologische Bedeutung all der profanen Epi-
phanien, die seit der Aufklärung in die Welt
kamen, darin bestand, ein im weitesten Sinn
religiöses Verlangen nur verdeckt zu haben.
Bezeichnenderweise setzt ihr Aufstieg historisch in dem Augenblick ein, in dem die christ-
liche Botschaft ihre Macht einbüßt. Die Verkünder der »Schönen neuen Welt« waren
nichts anderes als Nachlaßverwalter des verlo-
rengegangenen Glaubens. Sie lebten von diesem seither ins Leere laufenden Verlangen

und bekämpften zugleich, was von den alten Glaubensinhalten überdauerte. Sie verlegten alles, wofür bis dahin »Gott« und das »Jenseits« gestanden hatten, in diese Welt und setzten an deren Stelle Begriffe wie die »Vernunft«, die »Geschichte«, die »Gesellschaft« oder die »Vorsehung«, nicht ohne sie freilich mit einem spirituellen oder doch metapolitischen Gehalt auszustatten.

Diese Bedeutung der von welcher Hoffnung auch immer inspirierten Heilsbotschaften, ihr Ersatzcharakter in einer dem Christlichen entgleitenden Welt, ist früh, schon zu Beginn des 19. Jahrhunderts, erfaßt worden. Sie waren nichts anderes als ein Versuch, für den in Stücke gegangenen Jenseitsglauben eine diesseitige Antwort zu finden. Gott war tot. Aber das Tal der Tränen endete nicht, und die Beschwerlichkeiten des Weges, seine tausend Finsternisse, machten die Frage nach dem Sinn der Daseinsmühen unabweisbar. Vor allem die Sozialutopien warfen für jeden, der darauf eine Antwort suchte, einen blassen, aber ungemein beflügelnden Goldstreifen an den Horizont und suggerierten, daß die Menschheit dort ihr Ziel, ihre Bestimmung und den neuen Gott finden werde.

Sie konnten so lange auf die Magie dieses Zukunftsbildes bauen, wie der Prospekt der idealen Welt als Verheißung wirksam war. Bei Thomas Morus entgegnet der aus dem schönen Land Utopia zurückgekehrte Reisende auf alle Einwände seiner Zuhörer, wie denn die Menschen mit Verhältnissen zurecht kämen, wo alles und jedes gemeinschaftlicher Besitz und mit dem Gewinnstreben der Anreiz zur Arbeit entfallen sei, oder wie sich der materielle Überfluß ohne persönlichen Ehrgeiz herstellen lasse, so könne nur reden, wer das ferne Utopia nie betreten und nicht gesehen habe, »was dort zu sehen« sei. In ihren frühen Jahren hat die Sowjetunion, indem sie sich von der Außenwelt abschloß und nur überzeugungstreue Ausschreier ins Land ließ, aus dieser Vertauschung von Imagination und Wirklichkeit reichen Nutzen gezogen. Lion Feuchtwanger, Sidney und Beatrice Webb, Romain Rolland, George Bernard Shaw und all die Pilgerscharen in ihrem Gefolge haben geraume Zeit jeden Einwand zum Verstummen gebracht, indem sie behaupteten, keiner der Skeptiker sei je im neuen Utopia gewesen und habe sehen können, »was wir gesehen haben«. Unterdessen aber hat jedermann Utopia gesehen, und keine Imagination wird die Bilder der Millionen Toten wieder auslöschen, die Hinterlassenschaft der Zerstörung von menschlichen Beziehungen, Landschaften, Umwelt oder Ökonomie.

Ein Gefühl tiefen Ungenügens hat jedoch, noch vor ihrem Scheitern in der Wirklichkeit, sämtliche nachaufklärerischen Heilsbotschaften von Beginn an begleitet. Denn sie alle haben sich, angefangen von den sanften Verheißungen der Vernunftreligion bis hin zu der sozialistischen Zukunftsidee, auf das Diesseits beschränkt. Durchweg ließen sie offen, was die dereinst vervollkommnete, versöhnte oder auch zur klassenlosen Gesellschaft gelangte Welt auf die Fragen entgegnen werde, die über die vernünftige, auch gerechte und friedliche Ordnung der Verhältnisse hinausreichen und ob sie insbesondere für die Unumstößlichkeit des Todes eine Antwort und einen Trost haben werde. Auf dem Moskauer Schriftstellerkongreß von 1934 fragte Ignazio Silone, was die Partei der Frau eines Genossen antworten werde, der bei einem Straßenbahnunglück ums Leben gekommen sei. Nach einer kurzen, verlegenen Pause, sichtlich nach Worten suchend, antwortete Alexander Fadejew, im So-

54

zialismus, wenn er erst verwirklicht sei, werde es keine Verkehrsunfälle mehr geben.

Nicht ohne Grund haben alle Verkünder der besseren Welt die Menschen ausschließlich als Gesellschaftswesen erfaßt, sie gleichsam in Figurinen vor schönen Kulissen verwandelt und alles ausgeblendet, was selbst in der reibungslos funktionierenden Ordnung des Bienenstocks, der alten verräterischen Lieblingsmetapher der Utopisten, nicht zum Schweigen zu bringen wäre. Etwas von dem Schock, der während der späten dreißiger und der vierziger Jahre viele kommunistische Gläubige angesichts der meist unvermittelt eintretenden Wahrnehmung dieses Mangels überfiel, ist in dem Buchtitel »Gottes Thron war leer« festgehalten, unter dem namhafte Intellektuelle ihre Abkehr von den Illusionen einer innerweltlichen Erlösungsidee beschrieben. Denn offensichtlich braucht der Mensch eine Hoffnung, die sein Dasein übersteigt, eine Sehnsucht nach etwas ganz Anderem, Großem und Fraglosem, das ihm Gewißheiten gibt über die Glückserfüllungen sei es gerecht geordneter, sei es hedonistischer Daseinsumstände hinaus – man kann auch sagen, nach Transzendenz.

Dieses Bedürfnis bleibt zusehends ohne Antwort. Nicht wenige Beobachter glauben, die Welt sei von einer machtvollen antirationalistischen »Grundwelle« erfaßt, einer Gegenreformation, in der ein zweihundert Jahre altes Weltbild, das den Traum von der Erlösbarkeit des Menschen durch sich selber träumte, zu Bruch gehe. Nach so vielen anhaltenden Schüben zur Entmythologisierung und Ernüchterung schlage die Tendenz wieder um. Aus einem schattenlos gewordenen Dasein fliehe der Mensch zurück in bergende Dunkelheiten und fördere aus lange verschütteten Schichten die Einsicht zutage, daß sein wahres Glück aus den Schauern kultischen Erlebens komme und sein eigentliches Zuhause in Bezirken liege, die der erhellenden Vernunft und allem aufgeklärten Scharfsinn nie erreichbar sei.

Wenn sich die in der Tat massenhaft hervortretenden Erscheinungen zum Bild einer »Grundwelle« vereinen lassen, hat sie durch das Scheitern der letzten politischen Utopie sicherlich an Kraft noch gewonnen. Denn das Erlösungsversprechen, an dem der Sozialismus, trotz aller wachsenden Erklärungsnot, bis zum Ende festhielt, hatte auch die Folge, daß viele seiner Parteigänger den Zusammenbruch ihres Zukunftsbildes als metaphysi-

schen Verlust erlebten. Es ist daher weniger
ein nostalgisches Sentiment für das Gewesene,
was in Polen, Bulgarien, Litauen oder auch in
einigen GUS-Staaten zu dem verwirrenden
Wiedererstarken von Parteien führt, die in Politik und Personal, nur um den Preis einiger
leicht durchschaubarer Zugeständnisse, die
Welt von gestern fortzusetzen versuchen, als
vielmehr das Verlangen nach jener seelischen
Sicherheit, die mit dem Ende des Systems zer-
brach.

Der dramatischste Ausdruck dieser Suche
nach neuem Halt sind sichtlich die Bürger-
kriege, die auf immer anderen Schauplätzen
im ehedem sozialistischen Machtbereich los-
brechen. Doch es gibt auch, dort wie hier, im
früheren Westen, die stillen Erscheinungsfor-
men, die aber dem gleichen Bedürfnis entstammen, wie groß der Abstand sich auch aus-
nehmen mag. Am eindeutigsten zählt dazu das
Sektenwesen, das so auffälligen Zulauf findet,
das Wirken alchimistischer oder »biospiritua-
listischer« Zirkel und Gebetskreise, die zuneh-
mende Wendung zu östlichen Meditations-
techniken sowie die Anziehungskraft funda-
mentalistischer Gruppen. Noch handelt es
sich, aufs Ganze gesehen, eher um ein Bedürf-

nis nach Kult und Geheimlehre als nach religiöser Bindung, und fast nirgendwo verdichten sich die oft befremdlichen Exerzitien zu den Umrissen eines neuen Ethos. Aber auch hinter diesen vagabundierenden Ausdrucksformen einer entfremdeten Spiritualität meldet sich das Verlangen nach Zuflucht vor einer Gegenwart, deren Ineinander von Freiheitsgewinn und Bindungsverlust Max Weber als »Entzauberung« beschrieben hat.

In der gleichen Richtung sind auch die Ursachen der neuen »Gefühlskultur« zu suchen. Bereits bei den »Blumenkindern« der sechziger und siebziger Jahre hat die Sehnsucht nach erlebter Unmittelbarkeit, nach Entrückung, Rausch und zarter Besinnungslosigkeit als verbindender Impuls gewirkt. Über Bagwhan, New Age und andere Zusammenschlüsse lief sie in gewandelter Form weiter und ist unterdessen bei Erscheinungen des öffentlich vorgetragenen Selbstmitleids sowie der Weltklage angelangt, einer ganzen »culture of complaint«, wie die neue Formel dafür lautet.

Nur in scheinbarem Gegensatz dazu stehen die unter widersprüchlichen Vorzeichen sich zusammenrottenden aktionistischen Gruppierungen, die durch ausbruchartig um sich greifende Gewaltakte blinde Verwahrung gegen den Weltzustand im ganzen einlegen. Zu ihren charakteristischen Zügen zählt, daß die brachialen Exzesse gerade nicht im Zeichen einer radikalen Verneinungsideologie verübt werden. Im Grunde geht es überhaupt nicht um Programme, sondern auch hier wiederum um Erfahrungen von Gemeinschaft, Nähe und wärmendem Zusammenhocken. Was hinzukommt, ist eine Milizionärsgesinnung, die ihre Vorbilder zwischen Mostar und Phnom Penh und irgendwelchen vergessenen Orten in Lateinamerika findet, die Flucht zurück in eine Welt primitiver Stammesbindungen, deren Horizont oft an nahegelegenen Straßenzügen, dem Krieg um ihre Behauptung oder Eroberung, endet, sowie schließlich um das Glück der Verwilderung, das einer komplizierten, in unendlichen Abhängigkeiten verflochtenen Welt entgegengehalten wird.

Die allgemeine Urteilsunsicherheit über das aus so unterschiedlichen Richtungen auftauchende Unwesen hat seinen hauptsächlichen Grund darin, daß diese Erscheinungen nicht jener äußerste Widerspruch zur Gesellschaft sind, den die öffentliche Empörung darin erkennen will, sondern der zur letzten Konse-

quenz getriebene Ausdruck ihres zerbroche-
nen Wertverständnisses. Die in Deutschland
verständlicherweise vorherrschenden Analogien zum »Faschismus« greifen bei der Mehr-
zahl dieser Gruppen daneben, auch wenn die
verwendeten Uniformen, die Grußformeln
und die Rituale diesen Zusammenhang herstellen. Aber dergleichen dient offenkundig
nur als Kostüm. Seine Anstößigkeit soll diejenigen schrecken, die überall Wiedergänger am
Werk sehen und nichts anderes wissen, als
sich gegen gesellschaftliche Erscheinungen
von heute mit den Begriffen von gestern zu
wappnen. Allenfalls auf eine paradox ver-
schlungene Weise kommen die Dinge zusammen. Denn die demonstrative Verachtung zivi-
lisierter Regeln, zumindest in Deutschland, ist
nicht zuletzt das Ergebnis einer Gesellschafts-
politik, die das antibürgerliche, alle überliefer-
ten Maßstäbe umstülpende Ressentiment der
Hitlerjahre gerade mit dem Vorsatz ihrer »Be-
wältigung« weiterführte.

Zu den Schwierigkeiten, die der Deutung
der Erscheinung entgegenstehen, zählt aber
auch, daß authentische Zeugnisse überaus selten und meist auch irreführend sind. Was die
gegensätzlichen Lager verbindet, mögen sie

sich eher nach links oder nach rechts rücken, faschistisch, anarchistisch, autonom oder wie immer nennen, ist der aus Unvermögen oder auch Verachtung herrührende Verzicht, sich überhaupt auf Motive einzulassen und die eigenen Affekte anders als in einem gleichmütig leiernden, von allem Sinn entleerten Stammeln von sich zu geben. Aber die literarischen Claqueure stehen wie immer bereit und feiern das Gewaltwesen, wie die amerikanische Hohepriesterin des neuen Brutalismus, Camille Paglia, als Rückeroberung der »verdrängten dionysischen Seite der menschlichen Natur«. Andere verkünden den »wild man« oder die »Wolfsfrau« mit dem Ziel, die verschütteten Instinkte wiederzugewinnen und durch Erdberührungen, Maskenzauber und ekstatische Tanzübungen das »schlafende Tier« im Menschen zu wecken.

In einem weiteren Sinne gehören in den nämlichen Zusammenhang die Massenauflagen esoterischer Werke, wo von Erdstrahlen und kosmischen Kraftfeldern die Rede ist, aber auch von Dämonenspuk, Hexenspeisen und der Wiederkunft längst totgeglaubter Götter. Am anderen Ende des Spektrums und von solchen bizarren Auskünften nur durch ein hohes Maß an Feinsinn getrennt, erscheint dann jene synkretistische Erbauungsliteratur, die bei Eugen Drewermann beginnt und bei Franz Alt noch lange nicht endet und wo aus Privattheologie, Errettungspädagogik und Schwarmgeisterei immer neue Rezepturen für rückschlägige Sehnsüchte zusammengebraut werden. Aber auch jedes Rockkonzert offenbart diese Regressionsbedürfnisse, wie schon die Namen vieler Gruppen verraten, ob sie sich »Public Enemy«, »Störkraft«, »Blitzkrieg«, »Killer« oder »Bulldozer« nennen, und es vervollständigt diesen Befund nur, daß der Rocksänger David Bowie sich unlängst nach einem Konzert vor über 70.000 Zuhörern auf die Knie warf und in schluchzendem Ton das Vaterunser travestierte.

Gemeinsam ist den meisten dieser auf den ersten Blick so widersprüchlich anmutenden Erscheinungen nicht nur die Wendung ins Irrationale, sondern auch, daß sie die zivilisatorischen Bestände der Gesellschaft offen negieren oder nur noch als Spielmaterial exzentrischer Auftritte verwenden. Man mag darin eine Blüte selbstbestimmter, emanzipatorischer Kultur sehen. Aber man kann nicht daran vorbei, daß jede soziale Ordnung sich, schon dem Begriff nach, von einem Katalog verbindlicher Grundannahmen herleitet, die sie weder dem Gespött noch dem Amüsierbetrieb preisgeben und in ein Miasma der Beliebigkeiten wegrutschen lassen kann, ohne sich selbst zu zerstören. Nach einem Wort von Thomas Hobbes gibt es überhaupt keine Freiheit, wo nicht zugleich freiheitsbeschränkende Regeln gelten, sei es in Form von Gesetzen oder selbstauferlegten Verboten. Das ist ein Gedanke, der den libertären Gesellschaften der Gegenwart unendlich fern liegt oder doch mehr und mehr entschwindet.

Aber das ist nur die Außenansicht des Problems. Die eigentliche Schwierigkeit liegt in der immer neuen Bestimmung jener Grenze, von der die Hobbessche Überlegung ausgeht. Denn die freien Ordnungen können die normativen Übereinkünfte nicht durch Gesetze oder eine Vielzahl staatlicher Eingriffe sicherstellen, ohne die Freiheit selbst aufs Spiel zu setzen. Deshalb wandern sie auf dauernd schmalem Grat. Wenn es aber zugleich richtig ist, daß sie die Voraussetzungen ihrer eigenen Existenz nicht schaffen können, sind sie umso dringlicher auf den intakten Sinn für die regulativen Prämissen angewiesen, die den humanen Zusammenhang einer Kultur ausmachen und selbst in der nachaufgeklärten Epoche die Erinnerung an einen religiösen Ursprung bewahren.

Denn die großen Weltreligionen haben sich keineswegs darauf beschränkt, die Jenseitsfragen zu beantworten sowie Trost für die Daseinsnöte zu leisten. Vielmehr haben sie zugleich ein Regelwerk moralischer Maßstäbe geschaffen und damit, weit über ihre geistliche Botschaft hinaus, soziale Bedeutung gewonnen. In diesem Sinne hat Rousseau noch zu einer Zeit, als die christlichen Glaubensinhalte längst brüchig geworden waren, die Auffassung vertreten, daß der Gottlose unfähig sei, »die Gesetze und die Gerechtigkeit aufrichtig zu lieben« und folglich als »Feind der Gesellschaft« gelten müsse. Gemeint war damit, daß jede und zumal die demokratische Ordnung auf einen ethischen Minimalkonsens angewiesen ist, doch selbst dieser eigentlich banale Gedanke ist dabei, hinter den Horizont des Bewußtseins zu fallen.

Die Merkwürdigkeit der von so vielen Seiten wie im Wettlauf betriebenen Aufkündigung des Wertzusammenhangs offenbart sich nicht nur in spektakulären, auf Verletzung und

Provokation zielenden Auftritten, die im Kulturbetrieb längst zum Tagesprogramm zählen und auf nahezu ungeteilten Beifall rechnen können. Es gab und gibt keinen Regelverstoß, keine Verhöhnung von Tabus und Restriktionen, die auf diesem Felde nicht rasche Prominenz, Umsatz, auch Einschaltquoten und Ermunterung von vielen Seiten einbrächten. Hans Magnus Enzensberger hat darauf hingewiesen, daß die Rockgruppe »Guns n' Roses« ihr Debüt-Album mit dem Titel »Appetite for Destruction« fünfzehnmillionenmal verkaufte. Ganze Erfolgsgeschichten gründen auf solche Pronunciamentos von Zerstörung, Horror oder Vandalismus. Zur Inferiorität der Motive hat, als nur einer von vielen, der Lifestyle-Journalist Maxim Biller bei Gelegenheit bekannt, er habe mit seiner Kolumne »Hundert Zeilen Haß«, mit der er regelmäßig Anschwärzung und Rufmord betrieb, nichts anderes als das Ziel verfolgt, »berühmt, reich und sexy« zu werden.

Aber dergleichen beschreibt schon das Ende des Prozesses. Den Beginn machen eher unschuldig scheinende, auf keine Gefährdung deutende Änderungen im Sozialverhalten, die aber den Wind einer wohlmeinenden Zeittendenz hinter sich haben. Die zahlreichen Befreiungsschübe, die seit den fünfziger und sechziger Jahren in immer neuen Wellen über die Gesellschaft hinweggegangen sind, haben zwar manche Petrefakte und überholte Formen beseitigt; auch sind sie, partiell jedenfalls, Ausdruck eines von den Zwängen bloßer Existenzsicherung befreiten Daseins und gehören insoweit unstreitig auf die Gewinnseite jeder Zustandsbeschreibung. Aber ohne ein vitales Empfinden für die letzte unübersteigbare Grenze geht in den immer neuen Befreiungen leicht die Freiheit selber zugrunde. Denn ihrer eigenen Tendenz überlassen, finden solche Entwicklungen niemals ein Ende in sich selbst und drängen durchweg auf ihre äußerste Konsequenz, der kein sozialer Lebenszusammenhang standhält.

Die Idee der Selbstverwirklichung beispielsweise, deren Parolen nacheinander, von der Debatte über die antiautoritäre Erziehung, das Aussteigertum und die Sexualmoral bis hin zur Abtreibungsdiskussion, immer neue Bereiche eroberten und hinter jedem Wertbegriff finstere Repressionsstrategien am Werke sahen, wurde vielfach als Rückkehr zu den unverfälschten Ursprüngen verstanden. Anfangs meist von Minderheiten als Verlangen auf Duldung eines normabweichenden Verhaltens vorgetragen, wurden auf einer nächsten Stufe förmliche Rechtsansprüche und noch später dann materielle Kompensationen daraus hergeleitet, so daß die Gesellschaft Mal um Mal für den Verstoß gegen ihren Konsens Entschädigung zu leisten hatte. Niemand wollte wahrhaben, wie sehr diese Praxis die Zerstückelung der Interessen vorantrieb und die Teilnahmslosigkeit in den Fragen des politischen und sozialen Ganzen förderte, die zugleich beklagt wurde.

Statt dessen wurde jeder Geländegewinn als Schritt in eine bessere, von alten Beengungen erlöste Zukunft verstanden, und viele, die dabei mitmachten und mitjubelten, ahnten nicht, daß mit der neuen Freiheit immer wieder auch die eine oder andere jener Normen abging, die einen Kulturzusammenhang ausmachen. Überhaupt haben die tausend gewollten Mißverständnisse, die Begriff und Praxis der Selbstverwirklichung begleiteten, nur verdeckt, daß es, häufig jedenfalls, in Wahrheit um eine Absage an die zivilisierten Standards selber ging, deren Wesen aus lauter Brechungen des Natürlichen besteht: aus Stil, Konvention und komplexen Regelwerken, die niemals nur leeres Ritual und Äußerlichkeit sind, sondern gerade die Inhalte bewahren, deren oberster das befriedete Zusammenleben ist. Wer hinter die Formen und Schranken zurück will, die jede Kultur errichtet, und das System gestufter Distanzen, aus dem sie besteht, nur als Einschnürung begreift, endet zuletzt bei den Daseinsverhältnissen der Horde.

In diesen Zusammenhang gehört, daß nahezu alle normvermittelnden, eine Kultur mit sich selber bekannt machenden Einrichtungen kaum noch wissen, wofür sie stehen, angefangen von den Schulen über die Kirchen bis hin zu den Theatern oder gar den elektronischen Medien, deren Programme in einzigartiger Weise die Sprache, das Konsumverhalten, die Umgangsformen, die Geschlechterbeziehungen und anderes mehr prägen. Viele ihrer Wortführer sehen sich mit Vorliebe an der Spitze im Befreiungsprozeß der Gesellschaft, während sie in Wahrheit nur den jeweils fortgeschrittensten Zustand ihrer Sklerose anzeigen. Jedenfalls gibt es kein formuliertes Menschenbild, das sie erkennbar machten, und selbst das Wertesystem des Grundgesetzes findet in diesen Institutionen allenfalls halbherzige, von prinzipiellen Zweifeln erfüllte Fürsprecher. Zwar hat die Verfassung, die sich lange Zeit des Hohns der progressiven Köpfe erwehren mußte, allmählich jene Art Anerkennung gefunden, die dem unbezwungenen Gegner von gestern zukommt, und inzwischen ist sogar die Idee des »Verfassungspatriotismus« aus den Winkeln abseits besorgter Konventikel ins Licht der aufgeklärten Öffentlichkeit gezogen worden. Aber dessen ungeachtet wird die darauf fußende Ordnung, insbesondere die Wirtschaftsverfassung des Landes, wieder und wieder als »strukturell inhuman« beschrieben, während sich ihr Leistungspathos und ihre »Kälte«, zumal in der Plappermetapher von der »Ellbogengesellschaft«, gegen ein eingebildetes Wärmeglück ausgespielt sehen.

Die stärkere Tendenz im Blick auf das gesellschaftliche Ganze jedenfalls kommt nach wie vor aus einer tiefen Indignation. Sie richtet sich nicht nur gegen auftretende Mißstände, sondern gegen die Voraussetzungen dieser Ordnung, und gerade die »Werte« werden dazugerechnet. Statt sie im Einzelfall kritisch in Frage zu stellen, ihren Wandel zu erwägen, wird ihnen insgesamt jede gesellschaftliche Bedeutung bestritten und das Beharren darauf nur taktisch, als Erkennungsmarke konservativer oder neo-autoritärer Bestrebungen wahrgenommen. Die Einsicht, daß Werte gerade mit dem individuellen Freiheitszuwachs regulierendes Gewicht gewinnen und ein selbstbestimmtes Dasein im sozialen Zusammenhang überhaupt erst ermöglichen, ist hier so unbegriffen wie die Grundlagen des eigenen Tuns.

Denn wie im ganzen, nimmt auch hinsichtlich der eigenen Institution das Vermögen ab, ein Verhalten auf seine Folgen zu beziehen. Die Experimentiersucht an den Bildungseinrichtungen beispielweise widerstrebt dem Kontinuitätsgedanken als einem Leitprinzip aller Erziehung ebensosehr, wie die Politisierung der Kirchen den geistlichen Auftrag aushöhlt, dem sie unterdessen fast alles schuldig bleiben. Die Theater wiederum tun sich längst als Feierabend-Pandämonien aus Perversion, Gewalt und Obszönität groß oder opfern doch das dialogische Prinzip, dem das europäische Schauspiel nicht nur Herkunft und Rang verdankt, sondern auch die Bedeutung als Kunstform offener Ordnungen schlechthin, zusehends den »mythischen Bildern«. In ihrem gleichgerichteten Eifer bauen die einen wie die anderen unablässig Orientierungsmarken ab und untergraben überdies gerade die Chancen dessen, was ihre Befreiungsrhetorik in Aussicht stellt. Denn mit all ihrem Konformismus gegenüber den wechselnden Tagesparolen sind sie zugleich die gebieterischen Lehrmeister der zeitgenössischen Form der Unterwürfigkeit.

Was nicht ganz so vereinzelt, wie die interessierte Vergeßlichkeit inzwischen glauben machen möchte, schon angesichts der äußeren Bedrohung durch den sozialistischen Gegner offenbar wurde, tritt auch im Blick auf die innere Bedrohung hervor: der Mangel an Standortbewußtsein und Selbstbehauptungswillen. Eine Gesellschaft, die nicht mehr weiß, was den Zivilisierungsprozeß in Gang setzte und daß er immer auf »Unterdrückungen« hinausläuft, ist dabei, sich selbst aufzugeben. Nichts jedenfalls, was in diesem Jahrhundert geschah, widerlegt die Einsicht von Sigmund Freud, daß selbst in entwickelten Kulturen, dicht unter einem dünnen Firnis, die Instinkte einer »Rotte von Mördern« lebendig sind, und die jugendlichen Gewalttäter sind ebenso ein Beleg dafür wie die gierige Anteilnahme, mit der die Gesellschaft aus den Massakern an wehrlosen Einzelnen gleichzeitig den Stoff zur Unterhaltung, zur Empörung und zur Selbstanklage zieht.

Statt die Einhaltung der Regeln, auf denen das Zusammenleben beruht, mit allem Nachdruck zu erzwingen, widmet die Öffentlichkeit den Gewalttätern in ungezählten Interviews, Talkshows oder Abhandlungen ein fast ethnologisches Interesse, als handle es sich um eine neuartige Spezies aus einer fremden, ergründungsbedürftigen Welt. In Wirklichkeit bricht nur ein vorkultureller Typus durch, und ergründungsbedürftig ist nicht er, sondern eine Gesellschaft, die weit hinter den einfachsten Erkenntnisstand ihrer Existenzbedingungen zurückgefallen ist. Natürlich kommt man an der Erforschung der Ursachen solcher massenhaft auftretenden Erscheinungen nicht vorbei. Doch sobald dahinter kein Abwehrwille spürbar wird, überhaupt eine Gesellschaft die Angst des Menschen vor dem Menschen nicht mehr wachhalten und in gemeinsam respektierte Formen umsetzen kann, ist sie so gut wie am Ende.

Die nach so vielen, wenn auch keineswegs erschöpfenden Hinweisen sich meldende Frage, wie dennoch der Grund des Bestehenden gesichert, das Bewußtsein eines sinnvollen

Lebensganzen hergestellt und, damit eng ver-
knüpft, die metaphysische Bedürftigkeit der
Menschen auf eine Weise gestillt werden
kann, die ein Zusammenleben in Formen geordneter Freiheit möglich macht, ist schwer zu
beantworten. Es macht die Schwäche und die
Größe liberaler Ordnungen aus, daß sie eine
schlüssige Entgegnung darauf nicht haben und
sie sich sogar prinzipiell verbieten. Denn ihr
erster und oberster Grundsatz ist es gerade,
keinen Glaubenssatz und keine vorgeblichen
Richtigkeiten zuzulassen, sondern um des
höchsten Guts überhaupt, des inneren Frie-
dens und der Freiheit des Denkens willen, aus
der großen Sache der Wahrheit, in einem Akt
ernüchternder Formalisierung, eine Sache der
bloßen Mehrheit zu machen. Hermann Lübbe
hat darauf hingewiesen, wie schwer sich vor
allem das theoriensüchtige intellektuelle Mi-
lieu mit diesem Wesenszug liberaler Ordnungen immer getan hat und wie sehr es ihm dank
seines Einflusses auf die Medien gelang, dieses
kardinale Unterscheidungsmerkmal gegenüber allen Zwangsgesellschaften ins Vergessen
zu drängen.

Doch der Zusammenbruch der Sowjetideo-
logie und was bislang an Wahrheitsterror und

dogmatischer Drangsalierung aus ihrem Herr-schaftsbereich ans Licht kam, rufen diese na-hezu verlorene Einsicht ins Bewußtsein zu-rück. Jedenfalls zählt es zu den elementaren Lehren der Epoche, daß eine Politik des Wahr-heitsanspruchs für die Orientierungsbedürf-nisse der Menschen keine oder nur schrecken-verbreitende Antworten bereithält. Zwar rich-ten sich die haltsuchenden Erwartungen vie-ler, wie in einem Reflex, noch immer auf die Politik, als sei von daher ein Fingerzeig zu er-warten. Doch die Suche nach Lebenssinn und festem Grund kann sie nicht befriedigen. Das alles muß, nach so langer Vergesellschaftung, wieder zur Sache jedes Einzelnen oder unab-hängiger gesellschaftlicher Gruppen werden. Genau besehen leistet das Verlangen nach sinnvermittelnden Antworten von seiten der Politik nichts anderem als den totalitären Ten-denzen Vorschub, die eben deshalb totalitär sind, weil sie auch dafür das letzte Wort bean-spruchen. Nicht umsonst ist die institutionelle Trennung der religiösen von der politischen Sphäre eine der großen zivilisierenden Lei-stungen des modernen Verfassungsstaats.

Die Schwierigkeit liegt für die liberalen Ord-nungen darin, daß mit der Entkoppelung der religiösen von der politischen Zone auch der Grundbestand an ethischen und sinngebenden Vorgaben verlorengehen kann, den ein Gemeinwesen benötigt. Wenn alle utopischen Modelle, gleich welcher Richtung, ins Ausweglose führen, zugleich aber die christlichen Gewißheiten ohne Kraft und weiterhin im Schwinden oder sogar im Absturz begriffen sind, muß man sich damit abfinden, daß es für das Verlangen nach Transzendenz keine Antworten mehr gibt. Dahinter steht die allgemeinere Frage, wie ohne Religion und damit ohne einen im Jenseits verankerten, mit Himmelslohn oder Höllenstrafe ausgestatteten Normenkatalog überhaupt ein Ethos entwickelt und zur Richtschnur des Verhaltens ausgebildet werden kann. Die Aufklärung wollte die Unterscheidung zwischen Gut und Böse an die Einsichtsfähigkeit des Menschen binden und Recht und Moral, wie Kant schrieb, weder im Himmel noch auf Erden an etwas hängen oder stützen. Aber dieser Glaube ist mitsamt dem emphatischen Menschenbild, das ihn trug, verlorengegangen.

Beschwichtigende Antworten sind leicht zu haben. Am geläufigsten ist die Auffassung, den unübersehbaren Werteverlust in einen bloßen Wertewandel umzudeuten, doch weicht man dem Problem damit nur aus. Denn jeder ethische Konflikt muß vor einer letzten Instanz bestehen. Wo aber solche Instanzen nicht mehr existieren und das Drama der Konfrontation vor einem leeren Richterstuhl stattfindet, so daß sich alle Entscheidungsnot zu einer Frage des Meinens und des bloßen Dafürhaltens verflüchtigt, bleibt nichts zurück, worauf der Begriff des Ethos noch anwendbar wäre. In den »Dämonen« hat Dostojewski die Anstrengung beschrieben, die es macht, eine Welt autonomer Menschen, das heißt ohne Gott und folglich ohne kategorisches, zur äußersten Sanktion befugtes Prinzip, zu errichten.

Es fehlt nicht an Bemühungen, diesem Problem, das aus der Glaubensverlegenheit der postchristlichen Gegenwart herrührt, ohne utopische, zu radikalen Lösungen treibende Überlegungen gerecht zu werden. Hans Jonas hat ihr mit einer besonderen Verantwortungsethik zu begegnen versucht, Carl Friedrich von Weizsäcker die Grundsätze einer »asketischen Weltkultur« formuliert oder Joschka Fischer, angesichts der globalen Gefährdungen, das Prinzip der »selbsterhaltenden Vernunft«

als eine Art Moralgesetz »der entzauberten Moderne nach dem Ende der Utopie« ausgerufen.

In den gleichen Zusammenhang gehören die seit jüngerem gleichsam aus dem Boden hervorschießenden Entwürfe einer sogenannten postmateriellen Utopie. Doch keiner von ihnen entkommt dem utopischen Dilemma, ob man nun die ökologischen und feministischen Zukunftsprogramme dazurechnet oder den Begriff auf Ordnungsvorstellungen beschränkt, die dem Wachstumsgedanken entsagen, Wissenschaft und Technik von allen utilitaristischen Absichten trennen oder den ungehemmten Güterverbrauch durch »die Aufwertung sexueller und künstlerischer Bedürfnisse« ersetzen wollen.

Zwar suchen fast alle diese Lösungsvorschläge von jener Verbindung aus Allmachtswahn, sozialem Perfektionismus und Erlösungsversprechen loszukommen, die den historischen Utopismus ins Totalitäre führte. Aber die Frage ist, wie die utopische Ausgangsmaxime, wonach es mit der Welt nicht weitergehen dürfe wie bisher, auf jene Gewalt und den Gedanken eines universellen Endkampfes verzichten kann, in denen doch nicht nur der Schrecken, sondern auch die Faszination der großen Entwürfe lag. Niemand vermag zu sagen, ob eine utopische Botschaft noch einmal auf Resonanz stoßen wird. Doch ob sie sich sozialistisch, parafaschistisch, theokratisch oder unter einem noch unbekannten Vorzeichen organisiert: sie wird nach aller Erfahrung nur Massenanhang finden, sofern sie ihre Verheißung in einen apokalyptischen Prospekt zu stellen weiß, durch den die Welt erst hindurch muß, damit sich die Zeit vollende und das verborgene Muster all der verworrenen Wege offenbar werde, die aus der irrenden Vergangenheit in die Gegenwart und weiter in eine endlich erlöste Zukunft führen. Es sind uralte Stereotypen, die in solchen Bildern ihre Kraft erweisen und die Heimkehr des Menschen zu sich selbst an die Vorstellung einer äußersten Prüfung binden, heiße sie Armageddon, Weltgericht oder Letztes Gefecht.

Noch offenkundiger teilt die in allen diesen Entwürfen sichtbar werdende Bemühung um ein neues Ethos mit ihren utopischen Vorläufern jedoch den anthropologischen Grundirrtum. Jener Mensch, dem das Elend der ganzen Gattung sowie der Weltzustand überhaupt schwer auf die Schultern drückt, der seinen

Egoismus zur Solidarität mit entlegenen Erd-
bewohnern sublimiert und dennoch jederzeit
die Prämissen der selbsterhaltenden Vernunft
im Sinn hat, ist nur eine andere Erscheinungs-
form des Neuen Menschen. Und keiner der
Appelle, die ihm gelten, weiß zu sagen, wie er
ohne Jenseits leben kann und ohne Furcht vor
dem Jüngsten Tag, und doch Mal um Mal wider die eigenen Interessen und Begierden zu
handeln vermag. Die Erwartungen, die sich
auf ihn richten, drücken sich in dem »unmögli-
chen Paradox« Spinozas aus: »Wenn ich schon
Atheist bin, möchte ich wenigstens wie ein
Heiliger leben.«

Einen Gedanken, der dergleichen Widersprüche vermeidet, hat Hans Küng mit dem
»Projekt Weltethos« in die Debatte eingeführt,
das die übereinstimmenden Maximen der großen Religionen, über alle theologischen Streit-
punkte hinweg, zu einem übergreifenden Normenkatalog verbinden will. Ungeachtet der
zahllosen praktischen Widerstände, die dem
Vorhaben entgegenstehen, ist es doch näher
als alle anderen Überlegungen an der Wirklichkeit, weil es sich nicht nur den gesellschaftlichen Einfluß der großen Glaubensgemein-
schaften zunutze zu machen sucht; vielmehr

bewahrt es auch das von der jeweiligen Jen-
seitsvorstellung gestützte Ethos, verzichtet
aber auf Phantasmagorien wie die vom Neuen
Menschen, auf ersatzweise Heilsvorstellungen
oder jene Vernunftreligiosität, deren Überhe-
bungen gerade enden. Dagegen steht jedoch
der kaum vermeidbare Verlust an Unverwech-
selbarkeit, aus der jede dieser Religionen ihren
Glaubensernst gewinnt, und nicht alle sind
überdies so anpassungsfähig wie das durch die
Schulen des Zeitgeists gegangene Christen-
tum. Je weiter die nicht ohne Zugeständnisse
erreichbaren Übereinstimmungen getrieben
werden, desto dehnbarer und folglich ohn-
mächtiger müssen zwangsläufig aber auch die
ethischen Normen werden, bis das Projekt
schließlich auf bloße Bekräftigungen jener un-
verbindlichen Sittlichkeit zuläuft, die gerade
nicht das Ziel, sondern das Problem ist.

Der zerrissene Zusammenhang von diessei-
tiger und jenseitiger Welt, von ersten und letzten Dingen, ist keine Frage lediglich der Mo-
raltheologie, sondern greift tief in die gesellschaftliche Wirklichkeit ein, in den Alltag und
in die Lebensformen. Als Nietzsche den Tod
Gottes ausrief, sagte er den Einsturz des ge-
samten Moralsystems voraus, das aus der Got-

tesidee herkam. Ein neues hat sich nicht gebildet. Was an eingeübten Werten überdauerte, löst sich mehr und mehr in ethisch entleerte Rituale auf, die ihren Ernst kaum noch dartun können und deren Verletzung nicht einmal den sozialen Verruf nach sich zieht.

Immerhin wird der Mangel an Unumstößlichkeiten zusehends dringlicher empfunden. Darauf deuten die sogenannten Ethikkommissionen, die unentwegt ins Leben treten, für die Politik, die Wissenschaft, die Medizin, die Wirtschaft und anderes mehr. Doch machen gerade diese Spezialisierungen sichtbar, wieviel an allgemeinem Grund verlorenging und was die Bildungseinrichtungen auf allen Ebenen versäumt oder aufgegeben haben. In den Vereinigten Staaten findet eine Bewegung Zulauf, die, nach Art des Landes, dem Problem mit einer Verbindung aus Predigertum und Geschäftssinn zu Leibe rückt und versucht, in Manager-Seminaren und Trainingsprogrammen eine pragmatische Sozialethik zu begründen. Die kritischen Beobachter im 19. Jahrhundert glaubten, eine demokratische Ordnung ohne ein religiös verankertes Wertesystem müsse notwendigerweise im Despotismus enden. Es kann aber auch, als Regiment der Furcht aller vor allen, der Biologismus sein.

Die zerbrechliche Ordnung

>*Um die politische Freiheit zu
verlieren, genügt es, sie nicht
festzuhalten, und sie entflieht.*«
A. de Tocqueville

s. Seiten

85

86

89

105

109

110

Wo alle Wege enden oder in tiefe Widersprüche geraten, muß sich die Sorge wenigstens auf die Bewahrung der mit Unzulänglichkeiten aller Art behafteten, aber eben doch freien Ordnung richten. Das mag als vorwiegend defensive Anstrengung wenig befriedigend sein, zumal es das Pathos der großen Lösung vermissen läßt, auf die sich viele unklare Erwartungen richten. Die endlich gewonnene Einsicht lautet aber, daß es die großen Lösungen nicht gibt, es sei denn in Gestalt von Wolfgang Harichs ökologischer Weltdiktatur oder der in radikalen grünen Zirkeln herumgeisternden Projekte einer Aussetzung der Demokratie für einige Jahrzehnte, bis die Alternative zwischen Freiheit und Überleben aus der Welt sei.

Auch die liberale Ordnung kommt nicht ohne befestigte Linien aus. Daher zählt zur Bewahrung des Bestehenden ein rigoroses Beharren auf den wenigen elementaren Normen,

die sie verlangt, sowie eine mit glaubwürdigen
Sanktionen bewehrte Sicherung ihrer Grund-
regeln. Denn sie ist machtloser als jedes andere politische System gegen Minderheiten,
die sich entschlossen zeigen, keiner Regel zu
folgen, weil die Regeln das Herz ihrer Dinge
sind. Gerade deshalb haben im Blick auf das
sich ausbreitende Bandenwesen die Feigheit
des Staates und die Selbstbezichtigungen einer
vom gängigen Sozialhelferkitsch immer neu
überwältigten Öffentlichkeit so fatale Auswir-
kungen. Auch die feste Verankerung der Institutionen gehört zum Bestand der Freiheit, da
Institutionen immer auch, weit über ihren verfassungspolitischen Zweck hinaus, haltgebende Markierungen in der Flucht der Erscheinungen sind und, nach einem Wort der
englischen Anthropologin Mary Douglas, den
Menschen schattenreiche Plätze schaffen, »in
which nothing can be seen and no questions
asked«.

Nahezu alles, was sich vor diesem Hinter-
grund zur Sicherung freiheitlicher Verhältnisse vorbringen läßt, ist vom Geruch des Alt-
modischen umgeben und setzt auf lauter
schöne Unwiederbringlichkeiten. Die Würde
der Institutionen beispielsweise erwächst aus

der Unabhängigkeit, die jedermann ihnen zugute hält, und aus einem Selbstbewußtsein, das viel mit Anciennität und erinnerter Unangefochtenheit zu tun hat. Doch die alles durchdringenden Politisierungstendenzen gehen an ihnen nicht vorbei, bald macht der Streit der Parteien und der Interessen sich über sie her, und der ausgehöhlte Bau, der schließlich zurückbleibt, erneuert nur ein ums andere Mal den uralten Gemeinplatz, wie rasch sich zugrunde richten läßt, was lange wachsen muß.

Auf eben die Bewandtnis von mühevollem Wachstum und rascher Zerstörung ist nicht zuletzt ein Gutteil der Schwierigkeiten zurückzuführen, denen sich die entstehenden Demokratien im ehemals sowjetischen Machtbereich gegenübersehen. Sie alle machen die Erfahrung, daß die Neubegründung demokratischer Institutionen sowie überhaupt der freiheitsichernden Strukturen weit mehr Zeit erfordert als deren Ruin benötigte, der eine Sache von wenigen Jahren kommunistischer Herrschaft war, mehr Zeit auch, als ihnen womöglich gewährt ist. Im Westen wiederum mag es zwar noch Gesellschaften geben, in denen die auf weit zurückreichenden Übereinkünften beruhenden Bindekräfte eine gewisse

Macht besitzen und nicht jeder Abbau bewährter Einrichtungen, jede Beseitigung normativer Prinzipien oder ihrer Derivate, der Konventionen und Umgangsformen, als ein Gewinn neuer Freiheiten gefeiert wird. Aber auch dort sind, angesichts der beispiellosen Schubkraft, mit der die moderne Welt ihr soziales Zersetzungswerk vorantreibt, die auflösenden Tendenzen im Vordringen.

Zu Beginn der Gegenwart war die Auffassung verbreitet, daß die Freiheit sich am wirksamsten durch die Bewahrung und Verdichtung gesellschaftlicher Strukturen erhalten lasse. Zwar hatten diejenigen, die darauf setzten, die ruinöse Dynamik des Industriezeitalters noch nicht oder doch nicht hinreichend erfaßt. Aber wie sehr dieser Glaube auch gelitten haben mag, knüpfen solche Vorstellungen doch an ein anderes elementares Bedürfnis des Menschen an, sein Verlangen nach Zugehörigkeiten. In England stärkte bis dicht an die Gegenwart selbst die Klassentrennung die freie Ordnung, weil sie selbstbewußte Zusammenschlüsse schuf. Der Satz, daß es nicht gut sei, wenn der Mensch allein ist, gilt auch im gesellschaftlichen Sinne. James Madison, einer der Autoren der »Federalist Papers«, hat in einer

Vielzahl nichtstaatlicher Vereinigungen, in denen ein eigenes, aber doch aufs Gemeinwohl zielendes Ethos wirksam ist, eines der aussichtsreichsten Widerlager gegen die immer drohende Einzelherrschaft und eine der verläßlichsten Garantien für den Bestand der Freiheit gesehen. Dazu zählen soziale Bewegungen aller Art und Richtung, Gewerkschaften, Glaubensorganisationen, Universitäten, Stiftungen, freie Verbände und andere Gruppen, deren Mitglieder für ein Interesse, eine private Vorliebe, eine Aufgabe oder eine Wertvorstellung Anschluß und Echo suchen. Doch wie einzelgängerisch ihre Absichten mitunter auch sein mögen, unterbauten sie gleichsam die staatliche Gewaltenteilung auf gesellschaftlicher Ebene und weckten zugleich ein unabhängiges Interesse an den öffentlichen Angelegenheiten.

Diese Überlegung hat Tocqueville, wenn auch ohne den zukunftsgewissen Optimismus der amerikanischen Verfassungsväter, weitergeführt. In immer neuen Anläufen hat er sich den Problemen jener im Entstehen begriffenen demokratischen Gesellschaft zugewandt, in der das Gleichheitsverlangen, in dem er nichts anderes als den Ausdruck eines Neidkomplexes sah, alle Bande der Zusammengehörigkeit lockern und schließlich zerreißen werde. Die daraus erwachsenden Gefahren ließen sich nur vermeiden, versicherte er, wenn man die isolierten, zur Ichsucht erweckten Einzelwesen in ein vielfach verknüpftes Netzwerk gesellschaftlicher Vereinigungen einbinde.

Kein Begriff taucht in den davon handelnden Passagen seines Werks so häufig auf wie »liens«. Daß der von den egalitären Verhältnissen auf seinen Egoismus zurückgeworfene, von keinem Gemeininteresse mehr erreichbare Einzelne nur durch die enge Verflechtung mit ungezählten anderen Einzelnen im rechtlichen wie im moralischen Sinne frei bleiben könne, war der schwache Hoffnungsschimmer, den er seinem Zukunftsbild abgewann. Die Einsamkeit dagegen, die Auslieferung des Menschen an den »amour propre«, müsse zwangsläufig der Tyrannei die Einfallstore öffnen. Was Margaret Thatcher mit ihrem hochmütigen Einwurf gemeint hat, daß es eine Gesellschaft gar nicht gebe, sondern nur das Gewimmel der Individuen, zählte für ihn zu den eigentlichen Bedrohungen der Freiheit.

Aber selbst ein Netzwerk selbständiger, wie dicht auch immer geknüpfter Strukturen kann allenfalls ein Zusatzinstrument der Freiheitssicherung sein, und kein entschlossener Diktator hat je sonderliche Mühe gehabt, solche Geflechte zu zerreißen oder gleichzuschalten. Die materiellen Notwendigkeiten unterhöhlen zudem die Unabhängigkeit vieler freier Vereinigungen und verwandeln sie zunehmend in Lobbies, die den Eigennutz der Einzelnen lediglich im Gruppenbild darstellen und, wie alle Welt, die Freiheit vor allem als Freiheit in der Verfolgung des jeweiligen, vom Gemeininteresse kaum noch gezügelten Vorteils verstehen. Der Staat tritt dabei nur noch als eine Agentur beim Ausgleich der widerstreitenden Ansprüche in Erscheinung und muß sich für die Geltendmachung jedes übergeordneten Gesichtspunkts von Fall zu Fall immer neu legitimieren.

Das gilt, bei unterschiedlich vorangeschrittenem Zustand, überall. Und einiges spricht dafür, daß das »Streben nach Glück«, das, dem Vorbild der amerikanischen Verfassung folgend, ausgesprochen oder nicht, die wahrhaft beherrschende Maxime aller politischen Praxis der Gegenwart ist, an seinem äußersten Punkt die Gesellschaften in eine Ansammlung berechnender, eifersüchtig sich befehdender

Interessen zurückbildet, die keine »unsichtbare Hand« mehr steuert. Was Kurt Biedenkopf über die Bundesrepublik bemerkt hat, daß nämlich die Grundrechte der Verfassung zunehmend zu einer »Magna Charta des Egoismus« würden, gilt der Tendenz nach für die modernen Gesellschaften überhaupt. Historisch ungebrochene Völker mögen im Begriff der Nation eine Appellinstanz besitzen, die sich zugunsten des Gemeinwohls anrufen läßt. In Deutschland dagegen lassen die Erfahrungen der Vergangenheit dergleichen nicht zu, auch wenn man unterdessen fragen muß, ob die vielbeschworene historische Last nicht längst als Alibi dient, um alle Behelligung durch überpersönliche, von keinem Zugewinn gedeckte Ziele oder Verantwortungen abzuwehren.

Die Dynamik dieser Tendenz ist unwiderstehlich. Dennoch zählt es zu den zentralen Fragen moderner, liberaler Ordnungen, wie viele Einbußen an Traditionen, Werten und Verbindlichkeiten sie ohne Schaden hinnehmen können oder auch, wieviel Bewußtsein vom Gemeinwohl sie bewahren, sogar schaffen oder jedenfalls ermöglichen müssen. Ob sie der zur Vereinzelung drängenden Macht der Verhältnisse nur einfach nachgeben wollen oder die Auflockerung als Zuwachs an Unterscheidungsreizen, an Freiheit und Farbigkeit bewußt machen können, so daß der innere Zusammenhalt nicht zerstört, sondern neu und anders erfahren wird.

Gewiß können diese Ordnungen, vor allem in Kultur, Bildung und Erziehung, nicht viel mehr als die Bedingungen schaffen, die das in allen modernen Gesellschaften unvermeidliche Spannungsverhältnis zwischen individuellen und überpersönlichen Bestrebungen zu einem geregelten Austrag bringen; am Ende aber bleibt das equilibristische Kunststück, das verlangt wird, dem Gleichgewichtssinn der Gesellschaft selber überlassen: einer immer wieder anders zusammengesetzten Verbindung von Offenheit, Herkunftsbewußtsein, Veränderungswillen, Altem und Neuem. Jüngere soziologische Untersuchungen haben nachgewiesen, daß in Europa diejenigen Regionen mit dem Transformationsprozeß und dem davon in Gang gesetzten Verschleiß an bindenden Energien am besten zurechtkommen, die auf eine selbstbewußte Tradition zurückblicken, die Wechselfälle der Geschichte ohne tiefe Zerrissenheit überstanden und etwas vom alten Bürgerstolz bewahrt haben, so daß ein gemeinsamer Grund die Schritte wie die Absichten trägt.

Erkennbar wird in alledem, wenn auch in zeitgenössisch verwandelter Gestalt, das alte Doppelgesicht der Freiheit, deren Zweideutigkeiten sich nicht auf die Jubelzeile einer Nationalhymne verkürzen lassen. Ihre Verwirklichung zerreißt zwar äußere Herrschaftsfesseln, zerbricht aber auch die vertrauten Formen des Zusammenlebens, so daß das Freiheitsverlangen in einen beständigen Gegensatz zum Bedürfnis nach Sicherheit gerät. Die halbreligiösen, auf Ideologie und Führertum gestützten Zwangsstaaten dieses Jahrhunderts waren nicht zuletzt ein Versuch, diesen Widerspruch aufzuheben. Ihr Versprechen und ihre Verlockung gingen dahin, dem ratlosen, auf sich selbst verwiesenen Einzelnen durch eine suggestive Zukunftsidee ein Ziel und damit einen neuen Glaubensgrund, auch Bindungen, Enthusiasmus, Kameraderien sowie Motive für sein Verlangen nach uneigennützigem Tun und mit alledem ein Gefühl des Aufgehobenseins zurückzugeben. Vermutlich hat ihnen zu dem Massenanhang, den sie fanden, nichts so sehr wie die Tatsache verholfen, daß

94

sie die Menschen nicht jener Freiheit überlie-
ßen, die viele nur als Verlust an Daseinssicher-
heit erleben. Von den demokratischen Ordnungen erwarten sie aber die Freiheit und die
Sicherheit zugleich. Und zusehends fällt es
ihnen schwerer, sich Rechenschaft darüber
abzulegen, daß das eine nur auf Kosten des
anderen zu haben ist.

Hier ist auch die Erklärung dafür zu finden,
daß die Großen Entwürfe trotz aller Schrek-
ken, die sie angerichtet haben, einen so schwe-
ren Tod sterben. Rund drei Jahre nach dem
Zusammenbruch des Sozialismus werden die
Stimmen zudringlicher, die den Kern der Sache retten wollen. Die Verheißung der neuen
Ordnung, räumen sie ein, sei zwar auf der
»funktionalen Ebene« gescheitert, doch habe
ihre humane Integrität daran keinen Schaden
genommen, der sozialistische Traum sei nach
wie vor »die moralisch und politisch überlegene Art, auf die Welt zu blicken« (Johano
Strasser), ganz als ob in allem Politischen nicht
einzig die Wirklichkeit über die Richtigkeit,
die Moral und die Menschlichkeit einer Idee
entscheide. Aber zu einleuchtend waren die
Vorzüge der imaginären Projektionen, auch
und gerade für deren intellektuelle Wortfüh-

rer. Denn sie befriedigten ihre ideellen wie ihre
materiellen Wünsche, liehen ihrem Mani-
chäertum ein Gegenreich des Bösen, entfalte-
ten auch eine starke organisierende Kraft und
stellten schließlich die gesinnungsethisch ho-
hen Warten auf, von denen dem Weltenlauf so
kategorisch der rechte Weg zu weisen war.
Joschka Fischer hat bemerkt, die Linke werde
zur Not selbst dem Sozialismus entsagen, sich
mit dem Privateigentum und der Marktwirtschaft versöhnen, sich aber »die Utopie – ihre
Utopie!« nicht nehmen lassen; die Sinnstiftung
durch das Jenseits namens Zukunft reiche »bis
in die tiefsten Schichten ihrer politischen
Seele«.

Dennoch gehört die Idee der Utopie einer
vergangenen Epoche an, die Abschieds-
schmerzen werden ihr Ende kaum hinauszö-
gern. Denn das gesamte Weltbild, das sie ins
Leben rief, Anhang finden ließ und gegen
mächtige Widerstände trug, hat seine Zeit gehabt und wird nicht wiederkehren. Alle utopischen Entwürfe, der Marxismus eingeschlos-
sen, gründeten auf materiellen, von den Krisen des anbrechenden Industriezeitalters mit
existentieller Stoßkraft ausgestatteten Verheißungen. Im Gegensatz dazu enthält unterdes-

sen, angesichts der erschöpften Ressourcen des Erdballs, jedes Zukunftsbild einen Verzichtanspruch, der zwangsläufig die utopische Dynamik schwächt. Auch läßt sich das einfache Moralsystem, das dem Kampf für die großen Idealentwürfe die eschatologische Wucht verlieh, nicht länger aufrechterhalten. Denn die Welt ist ungleich unübersichtlicher geworden, und keine schlichten Gegensatzpaare werden den Herausforderungen der Gegenwart noch auf zureichende Weise gerecht.

Hinzu kommt, daß das Versprechen, das jede Utopie ihrem Begriff nach enthält, von einem optimistischen Generalimpuls getragen sein muß, wie er die Epoche seit der Aufklärung charakterisierte: die von keinem Zweifel angefochtene Gewißheit, daß der Mensch, unter wie großen Mühen und über wie viele Durchgangsstationen auch immer, die Unvollkommenheit der Verhältnisse überwinden und die Welt aus eigenem Willen gleichsam neu erschaffen könne. Aber gerade dieser Glaube ist bis zum Rest aufgezehrt. Zwischen ihm und der Gegenwart liegen die Tragödien der verwirklichten Utopien.

Dennoch lebt das utopische Sentiment auch in der politischen Praxis fort. Es äußert sich

vornehmlich in jenen besinnungslosen Verän-
derungsparoxysmen, die nichts anderes als
der gleichsam gerettete Rest des dahingegan-
genen Allmachtswahns sind. Gefangen in
einem eindimensionalen Gesellschaftsbild,
versichern deren Anwälte der Welt Mal um
Mal, sie lebe in erstarrten Verhältnissen. Aber
so einfach liegen die Dinge nicht.

Natürlich ist die freie Ordnung ein unabläs-
siger Prozeß, Veränderung geradezu ihr Wesen und Ursache wie Voraussetzung ihrer
Überlegenheit. Aber wer nicht erkennt, welche Zerstörungskräfte sie zugleich freisetzt,
wieviele vertraute Daseinsformen sie unablässig zerbricht, auch wieviel Ratlosigkeit und
Daseinsangst von ihr erzeugt werden, weiß
nichts von ihren Zweideutigkeiten und lebt
noch, mitsamt seinem »Projekt der Moderne«,
im lange zerstobenen Fortschrittswahn von
einst. Gleichzeitig entstehen jedoch unablässig
Ablagerungen, die sich verhärten und nicht
zuletzt deshalb so viel Beharrungskraft entwickeln, weil sie wie Haltepunkte inmitten
allen stürmischen Wandels erscheinen. Cha-
rakteristisch für die modernen Gesellschaften
ist daher gerade das Nebeneinander von Er-
starrung und Beschleunigung, Lähmung und

dynamischem Vorandrängen. Aller Veränderungswille muß sich infolgedessen der Frage stellen, welche Ordnungsidee und welches Bild von Mensch oder Gesellschaft dahinter steht.

Die Antwort darauf bleibt so gut wie immer offen. Das hat viel mit der wachsenden Komplexität der Verhältnisse sowie mit der Macht der Besitzstände zu tun. Um aber dennoch den Eindruck durchgreifender Energie zu erzeugen, entsteht eine bloße Abräumlaune, die von einer ebenso rasch erzeugten wie enttäuschten Erwartung zur nächsten treibt, alles inhaltsleer, aber immer wieder angefacht, weil Veränderung an sich als Ziel verstanden wird. Dabei gäbe es hinreichend Felder, auf denen der Wandel überfällig ist. Von den Beschäftigungsstrukturen und der sinnvollen Verteilung der Arbeit über die Bildungsinstitutionen und die strangulierende Bürokratie bis hin zur Verbeamtung immer weiterer Tätigkeitsbereiche stößt man unablässig auf wahre Kathedralen der Beharrung, denen aber kein Häretiker nahe tritt.

Überhaupt ist die gesamte Balance im Verhältnis zwischen Bürger und Staat in Unordnung geraten und bedarf der Neubestimmung von Grund auf. Das heißt nichts anderes als die prinzipielle Überprüfung des sozialstaatlichen Modells. Die von allen Seiten betriebene Praxis, zunehmend mehr Verantwortung auch für die ureigensten Lebensfragen auf den Staat zu übertragen, ihn nach den Worten des führenden SPD-Sozialpolitikers Rudolf Dressler allen Ernstes für »Arbeit, Wohnen, Freizeit, Lieben, Leben und Sterben« zuständig zu machen, kommt nicht nur einer schrittweisen, wenn auch vom weiten Mantel der Fürsorge verdeckten Entmündigung des Einzelnen gleich und verkürzt insoweit die Bürgerrechte. Vielmehr ruiniert sie auch jenes Menschenbild, auf das eine freiheitliche Gesellschaft so sehr angewiesen ist, daß dessen Ende ihr eigenes nach sich zieht. Wieweit das weiche Klima des herrschenden Sozialprotektionismus die Köpfe schon korrumpiert hat, zeigt der Widerstand gegen jede in Aussicht gestellte Leistungsverringerung an. Zwar wird in solchen Fällen der Öffentlichkeit nicht mehr als eine Rechenaufgabe zugemutet, die jeder Einzelne in seinem privaten Dasein mühelos zu lösen versteht. Aber die politische Algebra folgt einem anderen Gesetz und betrachtet Rechenergebnisse unter dem Gesichtspunkt der Zumutbarkeit. So kommt es, daß die Sorge vor den immerhin lösbaren Krisen des Tages dauernd verdrängt und die große und möglicherweise unlösbare Krise unvermeidlich wird, wenn die Bücher endlich doch aufgedeckt werden müssen.

Statt diese Dringlichkeiten in Angriff zu nehmen, richten sich die Zugriffe immer ausschließlicher gegen das ohnehin Überholte, das kaum eines Stoßes mehr bedarf und dessen Beseitigung keine Zukunft sichern hilft. Infolgedessen findet statt sinnvoller Veränderungen, wohin man blickt, lediglich ein Veränderungstheater statt, das alles beim Gewesenen beläßt. Man kann die Frage nach dem notwendigen Maß gesellschaftlichen Wandels nicht abgelöst von den Beschleunigungsverhältnissen einer Zeit beantworten. Mitunter mag sogar der hinhaltende Widerstand gegen ihre Fliehkräfte geboten und ein schrittweiser Gang gerade das sein, was die Menschen noch ertragen. Von Montaigne, der über alle Einsichtskraft hinaus nicht zuletzt deshalb diesen Rang und diesen großen Namen hat, weil er in einer ähnlich veränderungsbetäubten Epoche niemals seinen skeptischen Abstand nach allen Seiten verlor, stammt der Satz, daß es neben der großen Kunst, Dinge ins Werk zu setzen, unter bestimmten Umständen die noch größere Kunst gebe, Dinge unverrichtet zu lassen.

Der Veränderungsfuror der Gegenwart baut auf den Stimmungen der Unzufriedenheit gegen die moderne Welt auf, die fast so alt sind wie diese selbst. Schon die beiden mächtigen Ideologiesysteme der Epoche verkörperten in unterschiedlicher Weise eine aufhaltende Tendenz, wie zukunftszugewandt sie sich auch gaben. Das ist für die »faschistischen« Bewegungen aller Richtungen längst erkannt und nachgewiesen. Doch begreift man auch am Sozialismus der sowjetischen Spielart lediglich die Schauseite, wenn man nur seine vorwärtsweisenden Energien zur Kenntnis nimmt, die Industrialisierungsprojekte, Meliorationsvorhaben und Bildungsprogramme, mit denen er in seinen frühen Jahren so große Aufbruchstimmung verbreitete.

Aber daneben und dagegen lief immer auch ein modernitätsverneinender Impuls, der ihn zur Flucht in den Byzantinismus sowie in die dogmatische Verhärtung trieb und über die Selbstabschließung des Landes gegen die »dekadente« Außenwelt bis hin zur Verfolgung aller zeitgenössischen Anstöße in Musik, Literatur und bildender Kunst reichte. Gerade das Ineinander von vorantreibender und verzögernder Kraft ist das eigentliche Bewegungsgesetz der einen und der anderen Erscheinung gewesen, wie schon die Vision verrät, zu der jede von ihnen aufbrach. Denn die klassenlose Gesellschaft war im Grunde nicht weniger ein Regressionstraum als Hitlers Kriegs- und Rassephantasma, eine Sehnsucht zurück aus der konfliktbedrängten Gesellschaft der Gegenwart in Formen vorgeschichtlicher Gemeinschaft, und aller rhetorische Avantgardismus hat hier wie dort nie verheimlichen können, wieviel Widerstand gegen das Kommende da am Werke war.

Dieser Widerstand ist keineswegs am Ende, und vieles deutet darauf hin, daß er noch wachsen wird, man muß nicht nur an die islamische Welt denken, deren Antimodernismus von zahlreichen Zusatzmotiven gespeist wird. Vielmehr lebt er auch innerhalb der westlichen Welt selber in unterschiedlichen Dispositionen und Zusammenschlüssen fort. Was ihnen fehlt, ist vor allem das einigende Band. Zwar formieren sich die einen politisch, während andere sich in ihren fundamentalistischen Trotz zurückziehen oder in ein Sektierertum ausweichen, in dessen Wirrnissen nur noch die Phantasterei luxuriert. Aber im Vorwurf gegen die moderne Welt, ihre Unübersichtlichkeit und ihre Zerstörungsmacht, ihre Sinnleere und Steuerungsschwäche, ist ein Stimmungsgemisch aufgehäuft, das nicht viel mehr als eine Figur an der Spitze benötigt sowie jene zündenden Parolen, die den Verweigerungsaffekt als Aufbruch zu neuen Ufern erscheinen lassen, um allen diesen Mißgefühlen Sammlung und Stoßkraft zu verschaffen.

Auch das verbreitete und in den entwickelten Industriegesellschaften weiter um sich greifende antipolitische Ressentiment hat mit diesem Soupçon zu tun. Die Richtung, die es nimmt, ist darauf zurückzuführen, daß alles politische Tun zusehends auf die unausgesetzte und oft vergebliche Bemühung hinausläuft, die Folgen der nahezu von jedermann gewollten und vorangetriebenen, doch zugleich beklagten Modernisierung einzudämmen. Der Widerspruch wird nicht empfunden. Bezeichnend für die unterdessen redensartlich gewordene Verdrossenheit gegenüber allem Politischen ist gerade deren parasitärer Zug, der die Daseinserleichterungen und Freiheitsgewinne der modernen Welt umstandslos in Anspruch nimmt, jede Gegenleistung dafür jedoch verweigert und längst dazu übergegangen ist, die Politik als Konsument, gleichsam von der Loge aus, nach ihrem Unterhaltungswert zu beurteilen.

Natürlich kommt in der wachsenden Geringschätzung der Politik auch die Resignation darüber zum Vorschein, daß alle die zuversichtlich stimmenden oder tröstlichen Irrtümer des Zeitalters, die Utopien und die Beglückungsträume, die technischen und humanen Fortschrittserwartungen, zu Ende sind. Doch zwingt diese Einsicht gerade nicht dazu, die Welt ihrem Lauf zu überlassen und alles preiszugeben, was sich mit der Vorstellung verbesserter Zustände je verband. Sie macht, im Gegenteil, die Bemühung darum überhaupt erst sinnvoll, weil die Beseitigung einer nahen Unerträglichkeit nicht nur konkrete Phantasie, Augenmaß und Verantwortungswillen verlangt, sondern auch gewisse Erfolgsaussichten bietet, während der Einsatz für ein fernes Ideal nur die Fluchtschiene ist, die von alledem wegführt. Ans Ende gelangt ist vielmehr das, was den Begriff der Utopie in seiner historisch gewachsenen Form ausmachte: die Erwartung, mit Hilfe eines durchkonstruierten, geschlossenen Gesellschaftsystems den Menschen nicht nur Frieden, Gerechtigkeit und Wohlstand, sondern auch eine Antwort auf die letzten Fragen und damit Erlösung noch im Diesseits zu verschaffen.

Das bleibt unerreichbar. In der Welt, wie sie ist, wird es immer unbeantwortete Fragen und uneingelöste Hoffnungen geben. Weil das so ist und das Bestehende sich geradezu als das Unvollkommene definiert, wird der Traum einer vollkommenen Welt immer wiederkehren. Vielleicht wird man, im Rückblick auf das Zeitalter der Utopien, einmal sogar sagen, es sei die beste Zeit gewesen: als aus dem Grundgefühl eines voranschreitenden Daseins so viel Hoffnung in den Menschen wie in die herstellbare Harmonie der Welt aufzubringen war; als in einer Art Schöpfungsrausch immer neue, großherzige, überspannte, aus Diesseitseifer und Metaphysik seltsam gemischte Zukunftsbilder konstruiert wurden, mit all dem selbstbetörten Glück vor Kartenhäusern, die gleichwohl die Logik wie die Moral für sich zu haben schienen; als es noch die Stimmung für große Ideen und große Entwürfe gab, auch noch Ernst, Leidenschaft und das Empfinden, daß der Mensch mit dem Rücken zur Wand stehe statt auf einem Jahrmarkt, wo man Späße treibt; und als am Ende eines von Kampf und Mühsal beschwerten Weges noch die Türme eines irdischen Jerusalem sichtbar wurden und nicht das Budenlicht eines Supermarkts. »Good bye to all that!«, schrieb Peter Jenkins 1992 in einem Nachruf auf die Epochenidee einer neuen Welt, der zugleich ein Abgesang auf ein Zeitalter der Wahrheiten, der emphatischen Überzeugungen und der Hingabe an Menschheitsziele war.

Was verlorenging, ist schließlich die Glaubensbereitschaft, auch die Zukunftsbegeisterung, die solche universalen Projekte verlangen. Im Unterschied zur zurückliegenden Epoche weiß die Gegenwart, daß Ideen sterblich sind: korrumpierbar, für Bemäntelungen geeignet und jeder machiavellistischen Verdrehung offen. Die Erkenntnis der Mißbrauchsmöglichkeit selbst der humansten Idee, des hurenhaften Wesens, mit dem sie jedem Regime dienstbar gemacht werden kann, ist auf lange Zeit irreversibel. Das eben verleiht dem System des prinzipiellen Verzichts auf die eine Wahrheit und der Beschränkung auf die Spielregeln, der Kritik und des gewaltfreien Wandels, trotz aller offenkundigen Schwächen, eine neue Ermächtigung.

Faßt man das Für und Wider zusammen, können gegen die Neigung, gesellschaftliche Idealzustände zu entwerfen, keine ernstzunehmenden Einwände vorgebracht werden. Aber die verlorene Unschuld werden solche Träume nur zurückgewinnen, wenn sie Träume bleiben und nicht zur buchstäblichen Übersetzung in die Wirklichkeit drängen. Ihre derzeit gebrochene, angesichts der herrschenden Mißstimmungen jedoch wiederbelebbare Macht beruht gerade auf der Ausweichbewegung vor der Realität, wenn auch mit der großen Gestik eines höheren moralischen Verständnisses dessen, was sie verlangt, sowie auf dem Versprechen, aus der Unruhe der Geschichte in einen Zustand paradiesischer Zeitlosigkeit zu entkommen.

Zur postutopischen Ära gehört folglich auch die Einsicht, daß alle gesellschaftlichen Idealkonstruktionen Gedankenspiele sind und allenfalls Fabeln zur moralischen Unterweisung. Zwar versucht die Nachhut der Utopisten das Publikum mit dem Hinweis zu schrecken, daß eine Welt ohne Utopie zwangsläufig einem gedankenleeren und perspektivlosen Pragmatismus anheimfalle. Aber diese Alternative besteht im Grunde nicht. In Wirklichkeit geht es um die Wahl zwischen system-utopischen, unausweichlich zu Unfreiheit und Dogmatismus drängenden gesellschaftlichen Idealgespinsten einerseits und normativ unterbauten Zielsetzungen andererseits, die aber revidierbar und nie mehr als Provisorien sind, eine ständige Folge von Balanceakten, bis die von den Verhältnissen bewirkten Gewichtsverlagerungen neue Balancen erforderlich machen, die wiederum zu neuen Provisorien führen.

Wenn alle utopischen Programme auf einen unpolitischen Zustand zielen, sollte ein freiheitliches Gemeinwesen aber auch seine träumerischen Neigungen zügeln. Denn sie entfremden es unvermeidlicherweise jener Realität, die sein tägliches Behauptungsfeld ist. Nicht auszuschließen ist, daß jene verbreitete Politikverachtung, wieviele objektive Anlässe dafür vorliegen mögen, zu den Nachwehen des utopischen Somnambulismus zählt, der stets die moralische wie materielle Überforderung des Politischen nach sich zieht und daher alle Wirklichkeit so unansehnlich wie verachtenswert erscheinen läßt.

Der gewichtigste Einwand gegen den normativen Pragmatismus, auf den diese Betrachtung zuläuft, kommt aus der Frage, ob eine Gesellschaft ohne Transzendenz nicht zumindest ein Zukunftsvorhaben benötigt, ein außerhalb ihrer Alltäglichkeit liegendes und doch erreichbares Ziel, das die Phantasie ergreift und die Kräfte verbindet, so daß sie nicht an der Gewöhnlichkeit erstickt, die ihr Los ist. Auch ließen sich aus solchen Gemeinschaftsanliegen Orientierungen gewinnen und damit zugleich die vermißten Empfindungen sinnvollen Tuns.

Es hat solche Herausforderungen während der Nachkriegsjahre verschiedentlich gegeben, von Land zu Land andere, und auch, den Ländern des alten Kontinents gemeinsam, die Europaidee, die den Glanz eines großen und allen einleuchtenden Versprechens verbreitete. Aber gerade ihr Werdegang macht deutlich, daß sich solche Ziele weder wollen noch erschaffen lassen. Sie müssen ein von großen Mehrheiten geteiltes, überwältigendes Motiv haben, das heißt an der Zeit sein und gleichsam nur noch den Abruf erwarten. Auch bedürfen sie der Führungsfiguren, die ihnen Überzeugungskraft verleihen und die Vision in das Prozedurenwerk des Politischen übersetzen.

Wie sehr sie ins Leere laufen oder selbst nach verheißungsvollem Beginn noch zurückfallen können, hat gerade der inzwischen mit seinen Entkräftungen ringende Europagedanke offenbart, aber auch die nach großem Aufbruch in wachsender Gleichgültigkeit versinkende Jahrhundertaufgabe der Demokratisierung und sogar Rekolonisierung des europäischen Ostens. Selbst im deutsch-deutschen Verhältnis hat sie Mühe, nicht an Desinteressiertheit, Kälte und im Gerangel der organisierten Besitzstände unterzugehen.

Aus alledem läßt sich entnehmen, daß auch politische Herausforderungen, sofern sie überhaupt gesehen und angenommen werden, den Menschen weder Orientierungen noch Daseinssinn zurückgeben können. Das gilt auch für die derzeit größte, von einer wachsenden Unruhe getragene Sorge, die das Überleben der Erde und der Gattung zum Gegenstand hat. Einiges spricht dafür, daß sie so etwas wie ein später Nachhall jener vorausweisenden Projekte ist, die der zu Ende gehenden Weltzeit eigen waren. Darauf deutet nicht nur ihr universeller Geltungsanspruch, sondern auch ihr innerster Antrieb, die Angst vor der Zukunft. Denn die Beseitigung dieser Angst war

die eigentliche Verheißung der zurückliegenden Epoche, und alles, wovon sie sich tragen
ließ, ihre Hoffnungen, ihre Energie und ihre
leidenschaftliche Ausdauer galten einzig dem
Versuch, das Dunkel über dem Kommenden
durch immer neue »Masterpläne« aufzuhellen
und damit dessen Schrecken ein für allemal zu
bannen.

Der Versuch ist zu Ende. Die scheinbar be-
siegte Zukunft ist in ihr Reich zurückgekehrt
und hat ihr Sphinxgesicht den Menschen wieder zugewandt.

Doch lag der Irrtum nicht nur in der Vorstellung von der Berechenbarkeit des Kommenden. In Umkehrung alter, lange gültiger Einsichten setzten die Zukunftsverweser von gestern zugleich darauf, daß aller Lebenssinn
und was immer Glück heißen mag, aus dem
erfolgreichen Zugriff auf die Welt herrühre.
Dieses Mißverständnis wirkt noch immer
nach und ist der tiefste Grund der herrschenden Unsicherheit.

Denn zur festen und nur zeitweilig beirrten
philosophischen Überlieferung zählt, daß der
Mensch die Gewißheiten, nach denen er verlangt, und die Genugtuungen, die er gewinnen
kann, zuerst in sich selbst zu suchen habe.

Zu finden sind sie in der Anstrengung, die aus der Wahrnehmung normativ begründeter Verantwortungen erwächst. Sie schließt stets das Ganze der Gesellschaft ein und ist im Grunde nichts anderes als der erste jener überpersönlichen Gedanken, die ihm helfen, mit den Nöten und Ängsten fertig zu werden, die immer sind.

Schlußbemerkung
Die heilsame Furcht

»Unsere Zeit steckt, wie kaum eine andere zuvor,
voller Möglichkeiten – zum Guten und zum Bösen.
Nichts kommt von selbst. Und nur wenig
ist von Dauer.«
Willy Brandt, 1992,
in seiner letzten öffentlichen Äußerung

s. feite

118

120

121

neuzeitlichen?

Im Jahr 1961 schrieb Arnold Gehlen in einem
Aufsatz unter dem Titel »Ende der Geschichte?«, daß die »Epoche der großen diesseitigen Gestaltungsideologien, die im Jahre
1789 begann, wahrscheinlich abgeschlossen«
sei. Dann heißt es: »Die bis heute durchgesetz-
ten Ideologien, die kommunistische dort, die
sozialliberal-demokratische hier, haben keine
neu auftretenden Rivalen zu befürchten, wir
haben auf lange hinaus mit der Endgültigkeit
dieser Systeme zu rechnen – Weltkatastrophen
vorbehalten.« Unterdessen ist die kommunistische Herrschaft samt der sie tragenden
Ideologie dahin. Aber das gibt der freiheitlichen Ordnung keine Gewähr auf Endgültigkeit. Wenn es, wie hier beschrieben, tatsächlich ihr Dilemma ist, kein sinnvolles Ziel zu haben, auf das sich jedermann verpflichten ließe,
und zugleich die Prinzipien zu zersetzen und
auszutrocknen, die der Grund unter ihren Fü-

ßen sind, bleibt als konkrete Aufgabe des Einzelnen zurück, sich in der Wahrnehmung des Wirklichen zu üben, ohne es einfach hinzunehmen, das Verantwortbare zu tun, und sei es, daß man nur den eigenen Garten bestellt, dessen Ordnung aber allen zugutekommt, sowie schließlich das Empfinden für die permanenten Gefährdungen zu schärfen, denen diese Ordnung ausgesetzt ist.

Diese Gefährdungen kommen derzeit weniger von den falschen Propheten, die den Menschen eine Welt des Glücks, der Eintracht und des Lebenssinns versprechen. Sie erwachsen, wo der äußere Feind fehlt, augenblicklich aus diesen Gesellschaften selbst, aus der Tendenz zur Überdehnung der Freiheit im Namen der Freiheit: aus der Verwirrung der Begriffe, dem Abbau der Normen, der Dauergereiztheit der Intellektuellen gegen die Wirklichkeit, der Ineinssetzung von Demokratie und Wohlstand, und noch vielem, was längst die Erfahrung jeden Tages ist. Weil alle Normalität zuletzt zur Verzweiflung führt, können sie auch aus der Lust an der Destabilisierung kommen, aus dem Überdruß, der Langeweile oder jenem radikalen Widerspruchsgeist, der die Spannung und Intensität des gelebten Lebens steigert –

lauter widersinnig scheinenden Motiven, die aber größere Macht über Köpfe und Herzen haben, als das Menschenbild der Aufklärung sich träumen läßt.

Irgendwann kann für das liberale Gemeinwesen auch der Tag kommen, wo die Vorzüge des gesicherten Daseins, der Konsumfreiheiten und Gewinnchancen gering zählen und das Verlangen nach dem Absoluten, nach Spiritualität, Abenteuer und Größe wieder erwacht, nach unbekannten Gefahren, neuen Ufern und manchem anderen, wofür es weder Antworten noch Kompensationen kennt. Auch nach charismatischen Führern, deren Verführungsgewalt trotz aller Katastrophen, die sie angerichtet haben, nicht bis zum Ende ausgeschöpft wurde. Wenn die Faschismen welcher Art auch immer tatsächlich die große Versuchung jener transitorischen Zustände sind, in denen die gewohnten Lebensformen zerbrechen und neue Lebensformen sich noch nicht gebildet haben, täten die freien Gesellschaften gut daran, auch diese Gefahr nicht aus dem Auge zu verlieren, weil sie aufgrund ihrer Offenheit gleichsam dauernd im Übergang sind.

Alle diese Erwägungen haben nichts mit politischer Hypochondrie zu tun. Sie geben sich vielmehr in einem Augenblick, da die demokratische Ordnung historisch ihre Überlegenheit erwiesen und scheinbar keinen Gegner mehr hat, Rechenschaft über ihre Anfälligkeiten. Im Grunde sind es durchweg Einsichten von so trivialer Natur wie jene, wonach es keinen Gewinn ohne Einsatz gibt. Sinnverlust, Mehrdeutigkeit, Vereinzelung und Daseinsunsicherheit gehören zur Gegenwart und sind der Preis für die gegen alle Vergangenheit ungemein erweiterten Entscheidungsspielräume und Beteiligungschancen jedes Einzelnen. Sie beschreiben nur die Gegenleistung dafür. Wer das Eine gegen das Andere abzuwägen lernt, wird daher etwas von jener Gelassenheit erlangen, die auch eine zivile Tugend ist und eine Art Gewähr gegen die alle demokratischen Verhältnisse begleitenden Untergangsstimmungen. Unter den Gefährdungen freiheitlicher Systeme steht das Empfinden der Ohnmacht obenan, und dessen Wortführer waren seit je die sichersten Beförderer jenes Menetekels, das sie von allen Wänden lasen.

Etwas ganz anderes dagegen ist die »heilsame Furcht vor der Zukunft«, die der erste kritische Betrachter demokratischer Zustände zu deren unerläßlichen Bedingungen gezählt hat und deren Rechtfertigung der Natur dieser Ordnung selber entstammt. Bronisław Geremek hat unlängst bemerkt, daß die freiheitlichen Systeme, und schienen sie »noch so gefestigt und belastbar, immer gefährdet« sein werden, sie seien geradezu der »Prototyp eines schwachen Regimes, das sich nicht gut verteidigen kann«. Man kann noch einen Schritt weitergehen und einiges an der Vermutung finden, daß sie ein Experiment wider die Wahrscheinlichkeit sind. Auch historisch haben sie häufig den Charakter von bloßen Zwischenspielen gehabt, kurzen erwartungsvollen Entr'actes, ehe die alten bösen Lieder wieder angestimmt und von Millionen mitgesungen wurden.

Denn zuletzt gründen die freien Gesellschaften auf einer Reihe von Voraussetzungen, die strenggenommen gegen die menschliche Natur gerichtet sind: auf einem System der Instinktverleugnungen und Selbstverbote, der zivilisierenden Regeln und der Normen, auf der Duldung und sogar Privilegierung von Minderheiten, dem Recht des Schwächeren, auch des Fremden und Nichtzugehörigen, sowie auf immer neuen Anstrengungen, die nicht von äußeren Notwendigkeiten erzwungen sind, sondern der allezeit unterlegenen Stimme der Einsicht folgen. Und sie bieten für diese schwierigen Ansprüche kaum Rechtfertigungen, die über die freie und geordnete Alltäglichkeit hinausreichen, und jedenfalls keine Verheißungen mit einem grandiosen Weltenprospekt als Ziel. Das einzige Versprechen der offenen Gesellschaften ist die prekäre, immer von Mühsal begleitete Aussicht auf ein halbwegs zuträgliches Zusammenleben von Menschen mit Menschen.

In diesem ihrem gewöhnlichen Wesen liegt aber das eigentümliche Pathos der Idee einer freien Ordnung. Angesichts ihrer Widernatur schien nichts in der Geschichte unwahrscheinlicher, als daß dergleichen je zustandekäme, sich verschiedentlich erfolgreich seiner äußeren Feinde erwehrte und sogar innere Bedrohungen überwand. Und dennoch war es so. Aber es bleibt ein dauernd riskantes Unterfangen und gewiß nicht die letzte, von Anfechtungen freie Stufe der politischen Entwicklung der Menschheit. Wer auf die Hoffnungen, die hochmütigen Träume und Entwürfe zurückblickt, mit denen das Zeitalter begann, und deren Scheitern erlebte, kommt um die Einsicht nicht herum, daß im Menschen ein Kern steckt, der nicht domestizierbar ist und ein System der Vorkehrungen verlangt. Die treffendste Analogie für die Gefährdungen, denen jede freie Gesellschaft ausgesetzt ist, haben die Anthropologen ausfindig gemacht. Sie berichten, daß die Azteken die Sonne verehrten und Nacht für Nacht, mit dem Anbruch der Dunkelheit, darum bangten, daß sie am Morgen wiederkomme.

Doch sind Analogien nicht einfach übertragbar. Sie decken stets nur einen Teil dessen ab, worauf sie verweisen. Die Abweichung ist in diesem Fall unschwer zu erkennen. Alles andere enthält eine notwendige Erinnerung.

Zur Literatur

Die erste Anregung zu diesem Buch geht auf einen Brief zurück, den Ralf Dahrendorf dem Verfasser zu dem Essay über das Ende des utopischen Zeitalters schrieb und der die Fragen aufwarf, die der Ausgangspunkt dieser Betrachtung sind: was die offenen Gesellschaften den Menschen als Ausgleich für die so trügerischen wie tröstlichen Imaginationen bieten können, die sie ihnen schuldig bleiben, und für den Verlust an diesseitigen Gewißheiten. Eine erste Fortsetzung fanden die davon angestoßenen Überlegungen in einem kurzen Beitrag, der unter dem Titel »Offene Gesellschaft mit offener Flanke« am 21. Oktober 1991 in der »Frankfurter Allgemeinen Zeitung« erschien. Zur Lektüre, die das damit geweckte Interesse an dem Thema vertiefte, ist an erster Stelle Alexis de Tocquevilles »Über die Demokratie in Amerika« (Stuttgart 1959 und 1962) zu nennen, das ungeachtet seiner Entstehungszeit nach wie vor die klassische Darstellung der Voraussetzungen, Prinzipien und Gefährdungen demokratischer Gesellschaften ist. Wichtige Anregungen verdankt die vorliegende Arbeit auch verschiedenen Werken von Hermann Lübbe, darunter insbesondere »Der Lebenssinn der Industriegesellschaft« (Berlin/ Heidelberg 1990) sowie seiner Aufsatzsammlung »Fortschrittsreaktionen: über konservative und destruktive Modernität« (Graz/Wien/ Köln 1987). Nützliche Hinweise fanden sich auch in dem Streitgespräch, das Ralf Dahrendorf, François Furet und Bronisław Geremek führten und unter dem Titel »Wohin steuert Europa?« (Frankfurt/New York 1993) veröffentlicht haben. Zur Auseinandersetzung über die Utopie, die Absagen wie die Rettungsversuche, sind als bemerkenswert herauszuheben: Joschka Fischer, »Die Linke nach dem Sozialismus« (Hamburg 1992) sowie der von Richard Saage herausgegebene Sammelband »Hat die politische Utopie eine Zukunft?« (Darmstadt 1992).

Das sind zwar nicht alle herangezogenen Titel, aber es bleiben vergleichsweise wenige, zumal ein Teil der Probleme, um die es geht, Gegenstand einer ausgedehnten, kontrovers geführten Debatte sind. Doch bewegt sie sich, nach gutem Brauch, überwiegend in hermetischer Abgeschlossenheit und oft verweisen lediglich die eingerückten Statistiken oder Erhebungen auf eine Wirklichkeit, die sich in den Höhen akademischer Dispute leicht verflüchtigt. Im Grunde sind die erörterten Probleme jedem aufmerksamen Zeitungsleser vertraut. Sicherlich sind sie ihm auch näher. Zum Schluß sei noch darauf hingewiesen, daß der Verfasser das Nietzsche-Zitat zu Beginn Christian Meier verdankt.

Joachim Fest

wurde 1926 in Berlin geboren. Er studierte in Freiburg, Frankfurt am Main und Berlin Jura, Geschichte, Germanistik und Kunstgeschichte. 1963 wurde er Chefredakteur des Fernsehens beim Norddeutschen Rundfunk und veröffentlichte im gleichen Jahr eine Studie über die Führungsfiguren der NS-Herrschaft (»Das Gesicht des Dritten Reiches«). Von Anfang 1965 bis Ende 1966 leitete er daneben das Fernseh-Magazin »Panorama«. 1973 erschien die Biographie »Hitler«, die inzwischen in über zwanzig Sprachen übersetzt wurde. Ende 1973 trat Fest als Herausgeber in die »Frankfurter Allgemeine Zeitung« ein. 1985 veröffentlichte er in der Reihe CORSO »Die unwissenden Magier. Über Thomas und Heinrich Mann«. 1988 folgte der Band »Im Gegenlicht. Eine italienische Reise«, 1991 »Der zerstörte Traum. Vom Ende des utopischen Zeitalters«.

Der Siedler Verlag ist ein Unternehmen
der Verlagsgruppe Bertelsmann.

CIP-Titelaufnahme der Deutschen Bibliothek

Fest, Joachim: Die schwierige Freiheit
Über die offene Flanke der offenen Gesellschaft/
Joachim Fest. – 1. Aufl. – Berlin: Siedler, 1993
ISBN 3-88680-530-1

© 1993 by Wolf Jobst Siedler Verlag GmbH, Berlin
Alle Rechte vorbehalten,
auch das der fotomechanischen Wiedergabe.
Satz: Gesa Plauschenat by Bongé + Partner, Berlin
Schutzumschlag: Klaus Renner, München
Druck und Buchbinder:
Graphischer Großbetrieb, Pößneck
Printed in Germany 1993
ISBN 3-88680-530-1